こころを守る仕事をつくる

心理職の新たなキャリアと
働き方の可能性

末木 新・髙坂康雅
［編著］

金子書房

目　次

はじめに………………………………………………………………… 末木新　1

● 第1部　各領域で仕事をつくる

発達支援の未来と仕事をつくる
　　──応用行動分析に基づく早期支援と社会実装の取り組み……………… 熊仁美　12

未来の児童虐待対応の仕事をつくる──スタートアップの挑戦…………… 髙岡昂太　27

自殺予防における新たな仕事づくりの道筋
　　──ソーシャルワーク・心理支援・テクノロジーの融合 ……………… 伊藤次郎　41

不安定さを逆手に、持続可能な働き方を模索する
　　──パラレルワークの可能性 …………………………………………… 鰐渕遊太　53

ギャンブル依存症当事者・家族の支援の仕組みをつくる………………… 田中紀子　64

働く人と組織を支援するEAPの仕事をつくる …………………………… 松本桂樹　78

地方で心理のなりわいをつくってしのぐ──認知行動療法を活用して ……… 西川公平　90

地方都市で心理学の新しい仕事をつくる…………………………………… 岩野卓　103

開業臨床家が担うミクロ–マクロの役割 ………………………………… 浜内彩乃　114

● 第2部　臨床心理学と心理職の未来

対談 臨床心理学／心理臨床学の未来をつくる
　　──学問の発展と社会実装について語り合う ………………… 東畑開人・末木新　126

こころの仕事をつくることと、研究………………………………………… 伊藤正哉　154

こころを守る仕事をつくるために欠かせない「オカネ」の話 …………… 市川衛　170

これからの公認心理師に求められる「課題発見力」と「課題解決力」……… 髙坂康雅　185

あとがき……………………………………………………………………… 末木新　197

はじめに

和光大学 現代人間学部 教授 ● 末木新

> 「でも、カウンセラーって、非常勤の仕事ばっかりで、不安定で、稼げないんですよね？」

　これは、スクールカウンセラー（以下、SC）に癒され、SC に憧れ、心理職になることを考えている高校生に言われた言葉です。おそらく、このような趣旨のことを大学のオープン・キャンパスで、高校生やその保護者から言われたことのある心理系の大学教員はたくさんいると思います。親の立場になってみれば、自分の子どもがやりたいこととはいえども、不安定な仕事をすることを夢見るとすれば、不安になるのも当然のことです。当たり前の疑問です。そんなイメージが、心理職にはすでに、ついてしまっています。

　そのとき、我々はどう答えるでしょうか？

> 「そういう面もありますね。でも、とてもやりがいのある仕事ですよ……。ところで、総合型選抜の面接のポイントなんですが……（以下略）。」

　これでいいのでしょうか？　もちろん良くないと思います。そんな不安定な状態で、誰が落ち着いて他人の心をケアしたり、セラピーを施したりすることができるでしょうか？　そんな状況で行ったケアやセラピーの質は高くなるでしょうか。

　良くないことは誰しもわかっています。わからないはずがないからです。それにもかかわらず、そんなダメな状況が今、目の前に広がっています。広がり続けています。この状況は今できたものではありません。今までもずっとそうであり、ダメであることはきっと、多くの人がわかっていた／いるはずです。

本当は、希望と誇りを持ってこう言いたいのです。

「そんなことはないですよ。自由に生きられて、社会的な意義もある、とてもいい仕事です。稼ぎも皆さんが思っているほど悪くはないんです。例えば、○○という人がいるんですが、この人は……(以下略)。」

そのような状況をつくるために、何ができるのでしょうか？ 我々には何が足りないのでしょうか？ それこそが、本書の執筆と編集を通して、編者が考えたいことです。

1. 2つの心理職——臨床心理士と公認心理師

臨床心理士と公認心理師。心理系の対人支援職になることに興味を持つ人でしたら、この2つの資格の名称はもちろん聞いたことがあるはずです。

臨床心理士は日本臨床心理士資格認定協会が認定する民間資格で、1988年に認定が開始されました。2023年時点で4万人以上の臨床心理士が認定されています。「こころ」を扱う対人援助職や心理カウンセラーなるものを、一般レベルで認識される存在に押し上げたのは、この臨床心理士という資格だといって異論が出ることはないでしょう。21世紀以降、人々がその人生において初めて出会うこころの専門家はSCであることがほとんどだと思いますが、スクールカウンセリング制度を担ってきたのは、臨床心理士でした。

これに対して、公認心理師は公認心理師法によって規定される国家資格で(所管は厚生労働省および文部科学省)、2019年より認定が始まったより若い資格です。2023年時点で7万人以上の登録者がいて、資格保有者数でいえば臨床心理士よりも多いことになります。臨床心理士が数多ある民間資格の1つであるのに対し、公認心理師は国家資格です。そのため、パブリック・サービスとしてのこころに関する対人支援は、今後は公認心理師が中心となって担っていくことになると思われます。

2. 2つの立場——臨床心理学と心理臨床学

同じこころの専門家であるにもかかわらず、臨床心理士と公認心理師という

はじめに

2つのメジャーな資格が存在するのはなぜでしょうか。そこには（長い）歴史が関係しています。とはいえ、ここで、戦後の日本における臨床心理学の発展や臨床心理技術者の国家資格化の歴史を振り返っていると、ページがいくらあっても足りません。そのため、まずは、以下のように簡便に整理をしておこうと思います[1]。

　日本において、「臨床心理学とは何か？」という問いに対する答えは、必ずしも専門家間の一致をみていません。大雑把に言えば、2つの立場があり、それが臨床心理士と公認心理師という2つの資格のありように反映されています。

　1つ目の立場は、臨床心理学は科学としての心理学の一部であり、臨床心理学的な行為の基礎に心理学があると考え、心理支援を心理学の臨床場面への応用と考える立場です。これが臨床心理学／公認心理師の立場となります。そのため、公認心理師になるためには、まず、大学の学部で心理学を広く学ばなければならないというカリキュラム構成になっているわけです。大学院での2年間は実習に入りますが、実習の場の中心は、主要5分野（保健医療、福祉、教育、司法・犯罪、産業・労働）のうち3分野以上の施設において実習をすることが望ましいとされ、医療機関における実習は必須となっています。つまり、パブリック・サービスの現場における実習が中心となっています。大学内に設置されている心理職を養成するための相談室における実習は、必要な実習時間の計算に入れることができますが、5分野のいずれにも該当しないこととなっています。

　2つ目の立場は、上記とは異なり、臨床心理学を科学的心理学の現場への応用としてではなく、現場から得られた知識や理論を利用して心理的な対人援助を行う実践行為と捉える立場です。これが心理臨床学／臨床心理士の立場ということになります。そのため、臨床心理士になるためには公認心理師とは異なり、大学の学部で心理学を広く学ぶ必要はありません。大学院の2年間でさまざまな心理療法の理論や査定方法等の座学を行うとともに、実習を行うことが

1　本稿では紙幅の都合上、かなり簡便で簡易化した説明をしています。より詳細を知りたい場合は、日本における臨床心理学の発展については東畑（2020）を、資格化の歴史については岩田（2023）を参照ください。

3

カリキュラムの中心となっています。また、公認心理師の実習が大学外のパブリック・サービスの現場であったのに対し、臨床心理士の実習は大学内に設置されている心理職を養成するための相談室となります。この相談室は、公認心理師における主要5分野には入らない私的な開業臨床を模した場です。つまり、公認心理師がパブリック・サービスの現場で鍛え上げられるのに対して、臨床心理士はプライベート・プラクティスの場を中心に教育が行われるという違いが生まれます。

　本稿は、これら2つの思想、2つの資格、2つの立場の優劣を論じるものではありません。こころに関する対人援助を行い、その仕組みをつくろうと考えるとき、2つの思想のどちらも役立つものであり、双方を知ることで、心理職その人のキャリア形成はより自由で豊かなものになると筆者は考えています。

● 3. スクールカウンセリングの予算規模

　冒頭でも話題に出したSCは、主として公認心理師や臨床心理士が担う職業であり、心理職に就くことに関心のある高校生や大学生の多くが、自身の将来像としてイメージするものです。SCは多くの人にとって初めて出会う心理職であり、それ故に心理職のイメージを形成する重要な職業であるといえます。ところで、「SCになりたい」というそこのあなたは、SCの給与がどこから出ているのかということについて考えたことはあるでしょうか。

　相談に来た人が支援者に対して直接対価を支払うプライベート・プラクティスのモデルとは異なり、パブリック・サービスであるスクールカウンセリングは公的な財源によって運営されています。文部科学省（2023）の予算資料によれば、2023年度のSC等活用事業の予算額は約60億円であり、補助率は1/3（補助事業者：都道府県、政令指定都市）です。つまり、国からの補助金が約60億円（1/3）、都道府県や政令指定都市の持ち出しが約120億円（2/3）の合わせて約180億円規模の資金で運営されたということになります。自治体からの持ち出しで独自の運営が行われている可能性はあるものの、この予算規模から大きくずれることはないでしょう。それでは、この予算額は多いのでしょうか？　あるいは少ないのでしょうか？

　この予算規模の多寡について、心理職の年収から逆算して考えてみましょ

4

う。現在の心理職の年収を見ると、最も多いのは年収300〜400万円のゾーンです（日本公認心理師協会，2021）。稼げないと言われないためにはもう少し年収を上げる必要がありますが、仮に、臨床心理士4万人の年収が700万になる状態をイメージしてみましょう。その状態をつくるために必要な予算は2800億円（＝40000人×700万円）です。つまり、SCほど有名なパブリック・サービスが15〜16（≒2800億÷180億）倍ほどないと、この規模の人件費をまかなうことはできないことになります。そして、そんなものは現状の日本にはもちろん存在していません……。

　もちろん、この試算はかなり大雑把なものです。資格を持つすべての人が就労可能な状態というわけでもないでしょうし、地域によって豊かに暮らすことのできる収入のレベルは異なります。また、5分野以外の領域、つまりパブリック・サービスではなくプライベート・プラクティスで相談者から直接支払いを受け生計を立てている人もそれなりにいます。とはいえ、主たる活動領域として5領域以外のその他（≒　開業）を挙げるものは心理職全体の1割にも満たない規模であり、大多数の心理職は、保健医療、福祉、教育の3分野で就労していることも事実です（日本公認心理師協会，2021）。この3領域において、予算のついた心理的支援が含まれるパブリック・サービスを展開することができなければ、「カウンセラーって、非常勤の仕事ばっかりで、不安定で、稼げないんですよね？」という状態が変わることはないということになります。

4. 第二、第三の道

　すでに予算の組まれているパブリック・サービスを心理職自身が展開していくことができるようになるというのは、現状を変えるための王道の方法でしょう。一方、それ以外のやり方がないわけでもありません。

　第二の道は、プライベート・プラクティスで生計を立てる者を増やしていくというものです。そもそも、日本という国は、国家による福祉の充実した国とは言い難いという国際比較があります。デンマーク出身の社会政策学者であるイエスタ・エスピン-アンデルセン（2001）の福祉国家の分類によれば、現代の福祉国家は主に、自由主義レジーム／社会民主主義レジーム／保守主義レ

ジームの類型に分けることが可能です。自由主義レジームは典型的には英米に見られる「市場」の役割が大きい類型、社会民主主義レジームは典型的にはスウェーデン等の北欧諸国に見られる「国家」の役割が大きい類型、保守主義レジームは典型的にはドイツやフランス等の大陸ヨーロッパ諸国に見られる「家族」の役割が大きい類型です。

エスピン－アンデルセンの日本の財政・制度・文化に関する分析によれば、日本の福祉体制は過渡的な状態であると考えられるものの、基本的には、自由主義レジームと保守主義レジームの要素を持つ状態であり、市場（特に、企業）と家族による福祉的役割が大きいことが指摘されています。福祉国家のあり方については、その国の歴史・文化・思想が影響するものであり、一朝一夕に変わるものではありません。日本という国がそもそも国家の役割が比較的小さい（国家がパブリック・サービスで個人を包摂するというよりも、個人が自己責任で市場から福祉を調達したり、家族が福祉の提供者としての役割を担ったりすることが多い）傾向を有するのであれば、パブリック・サービスの中で福祉的サービスに従事するキャリアを追及するよりは、プライベート・プラクティスという枠組みの中で（つまり、市場の中で）福祉を提供するという方向を模索することにも、それなりの可能性があると考えられます。

第三の道は、おそらくこれが最も険しい道になると思われますが、これまでにないまったく新しいパブリック・サービスを生み出すというものです。そもそも、既存のパブリック・サービスは、どこかの時点で生み出されたものであり、制度のあり方は時代とともに変化していきます。社会のあり方が変われば、必要なパブリック・サービスのあり方も根本から変わるはずです。例えば、筆者が専門とする自殺対策の領域では、1980 年代までに先進国では他の死因による死者が減少し、世界的に自殺予防への関心が高まり、2000 年頃から国家的な自殺予防戦略を持つ国が現れるようになるという社会的変化が起こりました。その影響もあり、2000 年代には日本においても、自殺対策基本法が成立しました。新しい法律（理念）ができ、法の理念を実現するための政策が組まれ、2010 年代には政策を実現するための安定した予算がつけられるようになっていきました。つまり、新しいパブリック・サービス（例：心理職が自殺への危機介入の電話相談事業で雇用される）が誕生したということです。

パブリック・サービスは普遍的にそこにあるものではなく、変えることができ、新しく生み出すこともできるものなのです。

そしてこうした仕事は、偉大な政治家や、先見の明のある官僚「だけ」の仕事というわけではありません。他ならぬ、「あなた」の仕事でもあるのです。

5. こころを守る仕事／仕組みをつくりながら、自身のキャリアをつくっていく

法律をつくる？　政策をつくる？　予算をつける？　パブリック・サービスを展開する？　市場で勝負をする？　話が随分と大きくなったと感じたかもしれません。カウンセラーになりたいだけの自分には関係ないような気がするでしょうか。新しいものを生み出すというのは、たしかに大きな仕事です。最初はとてもできるような気がしないかもしれませんし、そうであれば、自分には関係のないことだと合理化したくなる気持ちもわからないでもありません。心理職を志す人はこころを大事にする分、目線が内側に向きがちだという傾向があります。しかし、こころを大事にし、守るためにこそ、外側を、社会や制度を見る必要がある場合もあるのです。

たしかに今、目の前には、「カウンセラーって、非常勤の仕事ばっかりで、不安定で、稼げないんですよね？」とカウンセラーになることを夢見る高校生に言わせてしまう残念な現実があります。SC が理由もわからず急な雇止めにあったり、医療機関で働くカウンセラーの求人の時給が最低賃金と同額だったりします。

でも、それは未来永劫変わらないわけではありません（あなたが何もしなければ変わらないかもしれませんが）。ちょっとずつであったとしても、国家や社会の仕組みを変え、市場の中で居場所をつくり、家族の文化を変えることはできます。なぜならば、それをすでにやってきた人たちがいるからです。

そういう先達の姿を見せて、話を聞いてもらい、これから心理職になろう、心理職としてのキャリアを積み重ねていこうと考えている人たちに、さまざまな選択肢を持ち、自由に生きる力を与えたいと思い、本書は編纂されました。もし、あなたがそんな気持ちに少しでもなれたとしたら、本書の企ては大成功

7

です。

6. こころを守る仕事／仕組みをつくった先達

　本編に入る前に、本書の読み方と見どころ、各パートの狙いを簡単に紹介します。

　本書第1部の前半では、心理職が働く各領域（保健医療、福祉、教育、司法・犯罪、産業・労働）において、こころを守る仕事をつくってきた人たちの仕事ぶりを紹介します。さまざまな領域において、こころを守る仕事や仕組みをつくるための事例研究として読むこともできるはずです。これらの論考からは、我々がこころを守る仕事をつくっていくにあたっては、①社会的課題（例：自殺、虐待、依存症）に焦点を当て、それらの課題を解決していくために専門的な支援を届けるための工夫をする必要があること、②作業／仕事は個人ではなくチームにおいて行う必要があること、③専門知（例：科学的根拠）やテクノロジーを活用することで支援の効果を高め、社会的信用を得る必要があること、④経済的な持続可能性を確保するためにさまざまな工夫をする必要があること、を概ね共通して読み取ることができます。

　本書第1部の後半は、開業臨床に焦点をあてています。そもそも、心理臨床業の勃興は都市化（近代化）と関連の深い現象ですが、本書では、いわゆる大都市だけではなく地方（都市）での開業臨床に焦点をあてながら、これらの仕事をどのように成り立たせているのかを3人の先生に描いていただきました。これらの論考からは、経済的な持続可能性の難しさをどのようにして乗り越えているのかという工夫を読み取ることができるはずです。その中では、地域との連携や心理職の役割や概念・専門性のあり方を広げることの重要性が立ち現れてきています。

　本書第2部は、第1部での実践の様子を受け、今後の臨床心理学がどのようにあるべきかを臨床、研究、教育、そして社会課題を解決するための仕組みを社会実装していくための資金調達という観点から述べることにより、新しい臨床心理学のあり方を描き出そうとしています。臨床心理学が社会的課題を解決することに寄与する学問としてより良いものになっていくためには、社会と学問の分断、理論や学派的な分断、研究と臨床の分断、教育と実践の分断といっ

たさまざまな亀裂を乗り越えていく必要があることが繰り返し述べられています。第1部のような実践をより多く生み出していくためには、第2部で述べられるようなさまざまな課題をクリアし、この学問をより良いものにしていく必要があるということになります。

　第1部の論考は独立しているので、どこから読んでいただいても大丈夫なものです。自分の興味のわいた領域やテーマに関する実践から見ていただくのが良いかと思います。その後に第2部に進んでいただくのが読みやすいかと思います。

　それでは、実際に、こころを守る仕事／仕組みをつくってきた先達の話を聞いてみましょう。

引用文献

イエスタ・エスピン - アンデルセン　岡澤 憲芙・宮本 太郎（監訳）（2001）．福祉資本主義の三つの世界——比較福祉国家の理論と動態——　ミネルヴァ書房

岩田 光宏（2023）．心理職の国家資格化を巡る経緯から見る公認心理師制度の社会的意義——「臨床心理学的社会制度論」の必要性——　大阪人間科学大学紀要, *22*, 84-96.

文部科学省（2023）．スクールカウンセラー・スクールソーシャルワーカーによる教育相談体制の充実　https://www.mext.go.jp/a_menu/shotou/seitoshidou/20230420-mxt_kouhou02-1.pdf

日本公認心理師協会（2021）．公認心理師の活動状況等に関する調査　https://www.jacpp.or.jp/document/pdf/FY2020_mhlw_shogaifukushi_research.pdf

東畑 開人（2020）．平成のありふれた心理療法——社会論的転回序説——　臨床心理学, 増刊第12号, 8-26.

第 1 部

各領域で仕事をつくる

発達支援の未来と仕事をつくる
──応用行動分析に基づく早期支援と 社会実装の取り組み

特定非営利活動法人 ADDS 共同代表 ● 熊仁美

1. はじめに

　―ご家族に、科学的根拠に基づいた知見を。社会に、どんな人も支えられる仕組みを。そして今をともに生きるみんなに、自分らしい可能性を拓く機会を。―わたしたちは、発達支援が必要なすべての人が自分らしく学び希望をもって生きていける社会をともに実現します。

　これは、私が共同代表を務める NPO 法人 ADDS のミッションステートメントです。ADDS は、自閉スペクトラム症（以下、自閉症）をはじめとする発達障害のある子どもとその保護者を支援する団体です。主に、科学的根拠に基づく早期発達支援システムの研究開発や社会実装、保護者支援や支援者育成といった活動に取り組んできました。

　ADDS の前身は、心理学研究室の同期だった竹内弓乃と私で、2006 年に立ち上げた学生団体です。数人で始めた活動が、今では 70 名以上の職員がいる組織となり、15 年活動を続けられていることに、自分たちが一番驚いています。心理学を学ぶ普通の学生だった私たちの取り組みのご紹介を通じて、本書の「こころを守る仕事をつくる」というテーマにぴったりな事例をお示しできたら嬉しく思います。

2. 支援を必要とするたくさんの子どもたち
──自閉症とは

　発達障害は、近年の診断基準の改定にともない、神経発達症ともよばれます。発達障害（神経発達症）の特性があると思われる子どもの数は増えてお

り、2022年に文部科学省が行った調査では、通常学級に在籍する小中学生のうち、発達障害の可能性がある児童生徒の割合は8.8％にのぼるという報告がありました（文科省，2022）。支援を必要としている子どもたちが、全国にとてもたくさんいるということです。

　ADDSが主な対象としてきた自閉症は発達障害（神経発達症）の1つで、先天的な障害であり、多くの場合2歳前後より特性が明らかになってきます。自閉症の特徴の1つに、「社会的なコミュニケーションおよび対人的な相互反応における持続的な困難さ」があります。例えば、他者と興味や感情を共有する行動が希薄だったり、会話のやりとりを続けるのが苦手だったりします。他者とのアイコンタクトや、表情理解や想像遊び、仲間や友人との関係を築くことが苦手な場合もあります。人に要求を伝えることや援助を求めることも苦手で、困りごとを抱えやすいといえます。

　もう1つの特徴は、「行動・興味・活動の限局性や反復的な様式」です。例えば、物を並べる遊びに没頭したり、毎日同じ道順を通る、同じ服を着るなど、ルールや習慣に頑なにこだわったりします。興味の幅が狭く、特定の物事に過度に固執することがあります。感覚刺激に対する過敏さや鈍感さがあり、特定の音や触感などを過度に嫌がったり、光や動きを見ることに没頭したりする行動も見られます。

　こういった特性から、保護者は幼少期より育てにくさを感じやすく、またどのように関わっていいかわからず、子育てにストレスを抱えやすいことがわかっています。子どもたちも、特性にあわない環境や関わりにより負荷がかかり、行動面の問題を抱えたり、孤立したりと、さまざまな困難を経験します。周囲から理解が得られず叱られたり、注意されたりすることが多くなります。そのため、早期発見・早期支援を行っていくことが重要とされています。

● 3. 自閉症の早期支援のエビデンス──ABAに基づく支援

　自閉症の早期支援の領域で、研究を通じ多くのエビデンスが蓄積されてきたのは、応用行動分析学（Applied Behavior Analysis; ABA）に基づく介入です。

　ABAは、アメリカの心理学者スキナー（Skinner, B. F.）によって創始された心理学です。対象の行動に着目し、行動に影響する環境の要因を分析するこ

とで、行動の「予測」と「制御」を目指す学問です。なぜ行動が起こったのか、その因果を「個人の心の中」ではなく「個人と環境の相互作用」に求める点が特徴で、子どもの障害や性格や気持ちといった個人内に求めることはしません。代わりに、周囲の関わりや指示、部屋の状態、教材やほめ方など、個人の肌の外の出来事を幅広く環境と定義し、環境により行動が増えたり減ったりすると考えます。まずは行動をとりまく環境を分析し、調整することにより行動の変化を促します。そして、適切な行動後に褒めたりご褒美を提示したりし、子どもにとって良い出来事を起こし、行動を増やすアプローチをとります。叱責や罰ではなく、つよみや好きなことを使ったポジティブな支援を行うこと、困った行動には予防的な対応を徹底し、代わりとなる適切行動を増加させていくことも特徴です。

　ABA に基づいて未就学の段階で集中的に支援を行う早期集中行動介入は、Early Intensive Behavioral Intervention（EIBI）と呼ばれ、自閉症のある子どもの認知発達や言語、コミュニケーションの改善に関する有効性が確立されたアプローチです（Sandbank et al., 2020）。早期集中行動介入は、① ABA の理論に基づき体系的に実施されること、②できるだけ早期に（3 歳までに）開始されること、③まず 1 対 1 の個別指導を行ってから、他の場面や人への般化手続きがとられること、④個別化され、包括化された多くのスキルを介入対象とすること、⑤発達に基づく階層的なスキルが組み込まれていること、⑥保護者の教育・支援と連携して行われること等を特徴とします（Maurice, Green, & Foxx, 2001）。

● 4. ADDS 創業までのストーリー

　自閉症支援研究の進展に伴い、欧米では ABA に基づく早期介入の社会実装が進んできました。一方我が国では、1 歳半検診等でのスクリーニングが充実され、自閉症の早期発見・早期支援の取り組みが進んできたものの、自閉症のある子どもたちに対する ABA に基づく早期介入の普及はほとんど進んでおらず、貴重な幼少期に十分な支援が受けられない現状があります。

　ADDS は、心理学専攻の学生が、自閉症の子どもたちがエビデンスに基づく療育を当たり前に受けられる社会の実現を目指し、2006 年に立ち上げた団

体です。2009 年に任意団体として起業、2011 年に法人化しました。15 年以上の活動を振り返り、普通の学生だった私たちが、どのように社会課題に出会い、「仕事をつくる」プロセスをたどったのかを綴っていきたいと思います。

5. 「子どもに言葉を教えるアルバイト」
――共同代表竹内が出会ったある親子

　ADDS の芽となる運命的な出会いは、共同代表の竹内が大学 1 年生のときにさかのぼります。アルバイトを探していた竹内は、大学の掲示板に貼ってあった、「子どもに言葉を教えるアルバイト」に興味を持ち向かったご家庭で、自閉症のあるお子さんと出会いました。募集をされたお母様は、アメリカで ABA に基づく手厚い療育を受け、お子さんの成長に強い手ごたえを感じていました。ところが日本に帰国してみると、アメリカにいたころのような療育が受けられず、このままでは子どもの可能性が失われてしまうと、自ら学生を雇い教育して、わが子の療育環境を整えようと決意された方でした。竹内は、お母様から ABA の理論や実践を教わりながら子どもに向き合う中で、さまざまな成長や可能性を見せてくれる子どもの姿に、大きなやりがいを感じるようになっていったそうです。徐々に他のご家庭からの依頼もいただくようになり、私が出会った頃にはすでに何人ものお子さんを受け持つようになっていました。大学 2 年生のときに心理学専攻で竹内と出会った私は、大学の授業でABA に基づく自閉症の早期支援研究を知り、その実践や成果にとても興味を持っていたので、竹内の話を聞いてすぐに一緒に行かせてもらうことになりました。

　その時期、日本にはまだまだ ABA に基づいた療育が広がっておらず、専門家や支援機関が不足している状況でした。その中で、なんとかエビデンスがある療育をわが子に受けさせてあげたい、と頑張っていたのは、自閉症の子どもを育てる親の会でした。欧米から講師を呼んだり、英語の資料を翻訳したり、実践的な研修会を開いたりして、保護者が互いに助け合いながら、我が子の支援を担っている状況がありました。

第1部　各領域で仕事をつくる

● 6.　学生セラピストとしての活動

　私たちは大学でABAや発達心理学を学ぶ傍ら、学生セラピストとしてそれぞれ10家庭くらいを受け持ち、親御さんたちに鍛えていただく日々を送っていました。まさに理論と実践を行ったり来たりしながら、関東を駆け回る毎日でした。

　ABAの理論に基づき子どもを支援する経験は、驚きの連続でした。言葉を一言も話さなかった子どもが、1日で「ちょうだい」と言えるようになる瞬間に立ち会えたり、頻繁に癇癪を起していた子どもが少しずつ待てるようになったり……貴重な体験をさせていただき、私はあっという間にこの仕事に魅了されていきました。実際に子どもと関わる中で、ABAに基づく支援の重要性を痛感したエピソードを1つご紹介します。

叫びながらはしりまわるＩ君　＊個人が特定されないよう詳細は改変

　私が大学の2年生だったときの話です。初めて1人で受け持ったのが、4歳のＩ君でした。学生セラピストとしてご家庭を訪問し、遊びの中で言葉を教えるABAセラピーを行っていたときです。ある日の遊びの合間に、急にＩ君が「わぁあー！」と大語で叫びながら走り回り始めました。突然のことに、私は頭が真っ白になってしまい、「Ｉ君だめ！　走らないよ」、「ほら、こっちの玩具で遊ぼうよ！」と誘うばかりで、焦ってまったく対応ができませんでした。しばらくすると戻ってきて一緒に遊んでくれるのですが、同じようなやり取りを数回繰り返したとき、横でじっとセラピーをみながら記録をつけていたお母さまが、すこし考えてこうおっしゃいました。

　「記録を見ると、遊びに飽きたことがきっかけになっています。走り回った後に、新しい玩具を提案しないようにしてください。代わりに、「他の遊びしよう！」という言葉のお手本を示してあげてください。」

　それを聞いて私は、「えっどういうこと！？　楽しそうに遊んでいたのに……」と思いながら、半信半疑でＩ君に、「他の遊びしよう、って言ってごらん」とお手本を示したところ、Ｉ君はピタッととまり、ストンと腑に落ちた顔をして、「他の遊びしよう！」と笑顔で私に言ってくれたのでした。そして、それを

16

発達支援の未来と仕事をつくる

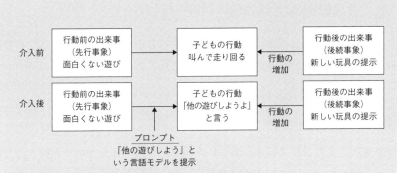

図1　ABAの枠組みで整理したI君の行動の変化

境に、「わぁあー！」と走り回る行動はピタリとなくなり、代わりに「別の遊びしよう」という言葉が頻繁にでてくるようになりました。I君の行動の変化を、ABAの枠組みで整理すると、図1のようになります。

　この出来事にはとても衝撃を受けました。最初私はI君を、「困った子」という目で見てしまっていたのですが、I君は、「違う遊びがしたい」という要求の気持ちを走り回ることで表現していただけでした。実は困っているのはI君の方だったのです。また、I君が走り回る行動に対し、私が繰り返し新しいおもちゃを出す、という出来事を提示していたことが、実は、行動を増やしていた、ということにも気づかされ愕然としました。

　私はI君の役に立ちたいという気持ちはあっても、エビデンスに基づいて行動を見る目がなかったがゆえに、I君の困った行動を増やしていたわけです。対して、I君のお母様は、ABAを勉強され、行動と環境を分析する目を持っていたがゆえに、子どもにとって役立つ言葉を教える機会をつくりだすことができました。

　この出来事は、「環境が障害を作り出してしまうことがある」ことを身をもって学ぶ機会となりました。同時に、I君が出会うたくさんの人たちが、当時の私のようにABAの目をもっていなかったとしたら、「落ち着きがない」「困った子だ」と叱られ続けてしまったとしたら……それがI君に与えるネガティブな影響は計り知れないでしょう。同じような経験をしているであろう全国の子どもたちに思いを馳せると、いてもたってもいられないような気持ちになったのでした。

17

第 1 部　　各領域で仕事をつくる

● 7.　社会課題への気づき──学生サークルの立ち上げ

　子どもたちに関わる活動に強いやりがいを感じながらも、徐々に訪問の依頼が増え、2 人では手が回らなくなってきました。ありがたいことなのですが、同時に疑問が浮かびました。

　「心理学をたった 1 年学んだだけの学生に、なぜこんなに頼らなければいけないんだろう？」

　今思えば、これは社会課題に気づいた瞬間でした。あらためて親御さんたちにお話を聞いてみると、日本では ABA に基づく療育がほとんど提供されておらず、数少ない専門家の支援は非常に高額でした。親御さんたちは自分たちで勉強するしかなく、私たちのような学生でも藁にもすがる思いで頼るしかない状況が浮かび上がってきました。

　そんな状況にモヤモヤしながら過ごしていた竹内と私は、ある日地下鉄の改札の前で、いつもの立ち話を始めました。担当している子どもたちの可愛いエピソードや、ヒットした玩具や遊びなどを話す中で、いつしか社会への違和感や、何か私たちにできることはないか、という話題になりました。

　「この状況ってなんかおかしいよね。何か私たちにできることってないだろうか」

　「子どもたちの笑顔や成長していく瞬間の感動を他の学生にも知ってほしいね」

　「とりあえず私たちみたいな学生セラピストを育てて増やすならできるかも」

　「そうだ、学生サークルから立ち上げよう！」

　夢中で話し合い気づけば数時間。この立ち話がきっかけとなり、私たちは大学 4 年生のときに「慶應発達障害支援会 -KDDS-」という学生サークルを立ち上げることになりました。

　所属する発達心理学研究室の指導教授だった山本淳一先生にサークルの顧問就任のお願いにいったときのことはとてもよく覚えています。山本淳一先生は、顧問を二つ返事で引き受けてくださり、同時にドサッと 10 冊くらいの本を渡してくださいました。それらはすべて、海外で体系化された自閉症の子どもたちの早期療育プログラムの本でした。英語で書かれた本の山を前に、「や

18

るからには、世界のトップを目指してくださいね」という言葉を頂いたことを思い出すと、今でも背筋がのびるような気がします。学生の私たちに協力と期待を惜しまず、プロフェッショナルとしての姿勢を示していただいたことで、「やるからには、最新のエビデンスを学び、子どもたちに還元しなければ」と視座を高く上げ、活動に取り組むことができました。

ゼミの後輩たちに声をかけ、学生サークルとして始めた主な活動は、学生による学生セラピストの育成とご家庭への紹介です。1対1で個別指導を行う支援技術をまとめて研修プログラムと簡単な試験をつくりました。大学の先生方の協力も得て、効果を検証して学会発表を行ったりしながら、学生が学生を育てる仕組みをつくっていきました。

育成プログラムを作るとき、学生セラピストの役割を明確に限定することは意識しました。対人支援においては、支援者が自身の能力を知り、限界設定を行うことは基本です。いくら研修を受けているとはいえ、素人の学生が子どもの療育に過剰な権限をもつことも、保護者に過剰な期待を抱かせてしまうことも避けなくてはいけません。そこで、保護者がABAをある程度学び、自分で子どもの療育メニューを組めるご家庭を対象にする、というルールを設けました。学生セラピストは、あらかじめ決められた療育メニューを、ABAの手続きに則って実践する役割のみに限定したのです。こうして始まった学生セラピスト紹介の仕組みは、評判を呼び、たくさんの親御さんからご依頼を頂き、後輩たちがご家庭を訪問するようになりました。

● 8. 事件が起こった──起業のきっかけ

修士課程に進学しサークル活動を続ける中で、私と竹内は、これをライフワークにしたいという気持ちを持つようになっていました。まだABAに基づく療育を知らないご家庭にも、プロとして責任をもって支援を届けていくためにも、学生団体という枠組みを出る必要性を感じていたのです。しかし、経営を学んでいるわけでもなければ、起業を志していたわけでもない私たちには、いきなり会社や法人を立ち上げる勇気などなく、もっと確かな専門性を身につけるため博士課程を出てから考えよう、ということでしばらくはサークル活動を続けることにしました。

第 1 部　　各領域で仕事をつくる

　そんなある日、事件が起きました。自閉症のある子どもの支援に関する修士論文を書き上げ、無事提出して数日後、先輩と実習後の片づけをしながら、世間話をしていたときです。

　「そういえば……博士の願書だした？」

私たちは、そこで気が付きました。修士論文を提出した数日後が願書の締め切り日だったことに。そして締め切りはとうに過ぎ去っていることに。つまり、私と竹内は、同時に、博士課程の願書を出し忘れるというとんでもないミスを犯していたのです。大慌てで指導教授に連絡し、大学にも問い合わせをしましたが、当然ながら後の祭りです。このときのことを思うと、未だに肝が冷える感覚や、行き場のない情けなさ、そしてお世話になった方々への申し訳なさがよみがえってきます。

　仲良く願書を出し忘れるという珍妙なミスを犯した 2 人は、ぽっかりあいた空白の 1 年間をどうすごすか会議を行う中で、やっと決意を固めました。

　「起業は怖いけど、子どもたちの支援のために必要な手段なら、やってみよう」

　そこで、同じくこの活動に熱心に参加してくれていた後輩で、後に理事となる原由子と加藤愛理とも話し合いを重ねました。2 人とも、子どもたちとの関わりを通じ、同じ気持ちでいてくれたことにとても驚き、嬉しかったことを覚えています。心強い 4 人体制で、新たに任意団体 ADDS（Advanced Developmental Disorders Support）として、動き始めることにしました。

　ミスに本気で落ち込んでいた私は、「あの 1 年があったから今の自分がある」と美談にだけはしないぞ！と思っていたのですが……実際にはこの空白の 1 年がきっかけとなり、ADDS の活動は一気に加速し始めました。

● 9.　社会起業塾での学び

　起業を決意したとき、縁あって当時社会起業家の登竜門とされていた「NEC 社会起業塾」の門をたたくことになりました。ADDS には経営や起業や社会で働いた経験がある人は 1 人もいなかったため、入塾することでそういった具体的なスキルを教えてもらえると思っていたのですが、実際に教わったのはもっと重要なことでした。

発達支援の未来と仕事をつくる

　一番覚えているのは、当時の塾長だった IIHOE［人と組織と地球のための国際研究所］の川北秀人さんに、入塾早々の研修で問われた「社会に良さそうなことをしたいのか？　本当に社会を変えたいのか？」という言葉です。私はこの言葉で、社会課題の解決を目指す組織であるならば、個人の主観や好みではなく、常に当事者の利益を中心に考え、客観的事実や根拠に基づいて事業を行っていかなければと考えるようになりました。いまも活動に迷ったときには常に問い続ける、厳しくも、大切な言葉になっています。

　起業塾ではとにかく、組織のミッションとビジョンをしっかり固めることを求められました。誰が何に困っているのか？、その課題はどうすれば解決するのか？、なぜあなたたちがやるのか？をとことん調べ、話し、考えることを求められました。何度も４人で泊まり込んで話し合い、資料をつくり、ブラッシュアップを重ねる中で、全国に支援を必要としている子どもたちがたくさんいて、ADDS という１組織では到底ミッションの達成はできないこと、自分たちですべて担うのではなく、「学びの場」の役割を果たすことで、共によりよい社会をつくる担い手を増やす必要がある、といった社会の構造や課題が見えてきました。こうして、ADDS が「自閉症の子どもたちの可能性が最大限に広げられる社会」の実現を目指すための「学びの場」を提供する組織である、というミッション・ビジョンが固まりました。このときに、皆で徹底的に話し合い、言語化したおかげで、常に同じミッションに立ち返って意思決定できる組織となったことは、15 年たったいまでも大きな財産になっています。

10. ADDS の最初の事業
──早期療育スタートアッププロジェクト

　ミッション・ビジョンが固まり、実際の事業を始めていくために行ったのは、子どもと保護者を支援するプログラムの骨格作りです。私たちは、わが子のために専門家顔負けの知識やスキルを身に着けた親御さんたちとの出会いが強烈な原体験でした。その原体験をもとに、保護者がわが子の専門家になることをサポートする１年間の期間限定プログラム、というコンセプトを設計し、「早期療育スタートアッププロジェクト（早スタ）」と名付けました。専門家に長期依存するモデルではなく、家庭を療育の現場とし、ABA に基づく子ども

21

第1部　　各領域で仕事をつくる

への支援と保護者支援を一体的に運用することで親子の相互作用を集中的に支援する「親子共学型」というモデルを考案したのです。1年間、保護者と二人三脚で子どもへのABA療育を行うことを通じ、関わり方を実践的にお伝えすることで、プログラムが終了しても、家庭で同様の関わりが継続できることを目指しました。

　もう1つは、体系的な療育カリキュラム作りです。山本淳一先生が下さった海外の発達支援カリキュラムの本たちを軸に、国内外の7つの療育プログラムを三日三晩皆で翻訳し、バラバラにしたうえで共通のものをまとめる作業を行いました。その結果、最終的に約600個の課題からなる発達支援カリキュラムが完成しました。これは、今現在も「AI-PAC（ABA integrated Programs for Children with Autism speCtrum disorders）」という名前をつけ、さまざまな事業で活用しています。

　次にそれぞれ3万円ずつ出資金をだし、計12万円を元手に、必要な教材や小さな机、椅子などを購入しました。一番難航したのは、場所探しです。インターネット上のあらゆる掲示板を調べ、週末だけ貸してくれるスペースがないか、書き込みをしまくっていると、偶然見てくださった方がプロジェクトに共感してくださり、幼児教室の空きを週1日だけ、5000円で貸していただけることになりました。このときの温かい出会いには、本当に感謝しています。

　こうして準備を進め、チラシやメール文を作りプロジェクトの告知をしたところ、用意した5家庭分の枠が埋まり、ADDSとして初めて対価を頂いて、支援を行うことになりました。ここから数年は、ADDSの活動では全員時給500円と定め、余った分は組織としてお金を貯めることに注力し、それがのちに物件を借りる元手となりました。

　自分自身も親になった今あらためて思い返すと、頼りない学生だった私たちを信じ大切なお子さんを託してくださった親御さんたちには、感謝してもしきれません。支援する / されるの関係ではなく、ご家族と二人三脚で泣いたり笑ったりしながら、チームになってお子さんの支援に関われたことは、何物にも代えがたい宝のような経験でした。

発達支援の未来と仕事をつくる

● 11. 全国の子どもたちへ──社会実装プロジェクトへの挑戦

　私たちはその後、1拠点の間借りから、複数拠点の間借りへと徐々に活動を広げていきました。数年後には、間借り生活で貯めた資金を元手に、家賃を払って小さな恵比寿のマンションの1室を借り、次に新宿の個室が複数ある事務所物件を借り、児童福祉制度に則った事業所の認定を受け……と少しずつ事業規模を拡大していきました。その過程で、同意を頂いたお子さんに早期療育研究にも協力していただき、学会発表や博士論文にまとめました。まさに実践と研究を両輪で回しながら、研究成果を蓄積していくことができたのです。

　こうした成果が認められ、2016年にJST/RISTEX研究開発成果実装支援プログラムに採択いただき、全国を対象にした早期療育の社会実装プロジェクトの実現にこぎつけました。これまでは自法人でのみ取り組んできた内容を基盤に、新たに親子共学型発達支援モデル「ぺあすく」と名付けたプログラムをつくり、全国で活動する支援機関の皆さんに実践いただき、その成果のとりまとめに取り組むことになったのです。全国の支援機関の代表の方にプロジェクトに参加してもらえないかを打診してまわりました。断られることも多数ある中で、ミッションに共感し、協働を決意してくださった団体の皆さまには本当に感謝しています。

　社会実装にあたって、重視したことは2つあります。

　1つ目は、積極的なICTの活用による効率化と質の向上です。ICT化は再現性を高め、支援の質の維持・向上につながりました。先述した発達支援カリキュラムAI-PACは開発会社の協力を得て、簡易に支援の進捗管理をしたり、教材を使ったり、記録を蓄積したりできるようアプリ化しました。支援者向けの人材研修や保護者トレーニングも、一部をe-learning化することで、多くの方に受けていただきやすいよう工夫しました。こうして、質を維持したまま効率化を図ることで、既存の福祉制度を活用したABA早期療育の持続的な地域モデルを確立して全国に普及することを目指しました。

　2つ目は、地域が主体であるということです。発達支援は閉じられた施設内で子どもや保護者のみを対象に行われるものではなく、子どもたちが暮らす地域の支援者や行政も社会実装の担い手となります。ADDSはあくまで伴走す

23

第1部 各領域で仕事をつくる

る立場であり、主役は地域の支援者の皆さんであることを大切にしました。地域ごとに支援者の価値観や現場の体制は違いますし、地域の特性やニーズも異なります。スーパーバイズのような形で定期的に現場に入らせていただき、地域の方々と支援を共にしながら意見交換をすることを心がけました。ADDSのやり方をすべて押し付けるのではなく、地域ごとの特性にあわせて変えられるところは変える、とバランスを取りながら実装を進めました。

3年間の大型プロジェクトでしたが、最終的には15のすばらしい機関との連携にこぎつけ、350名以上の子どもたちに支援を提供することができました。プロジェクト全体で、子どもたちの言語や認知、コミュニケーションや保護者の自己評価といったアウトカム領域でポジティブな変化が確認されるなど（熊，2020）、一定の成果を得ることができ、科学技術振興機構による事後評価では、最も高い評価を頂くことができました。

● 12. これからの展望──公的な支援の充実をめざして

RISTEXのプロジェクトの成果をもとに、2020年以降に力を入れているのは、行政との協働です。誰もが、エビデンスに基づいた療育を当たり前に受けられる状態を実現するためには、行政との協働を通じ、地域全体でのモデルを作っていくことが重要だと考えています。

協働の試みとして、2020年の4月より江戸川区発達相談・支援センターという指定管理事業者として採択を頂き、運営を開始しました。自治体の中核となるセンターは、さまざまな職種と連携し、支援が必要なご家庭を地域全体でつないでいくことができます。また、自治体内の支援者に学びの場を提供し、エビデンスに基づく支援を地域に根付かせていくことも可能です。ADDSの事業規模の中では、これまでで最大となる挑戦でしたが、保健センターや保育園、学校や児童相談所など、子どもを取り巻くさまざまな支援者と連携しながら、地域密着型のモデル構築を目指して、大きなやりがいをもって取り組んでいます。

もう1つ、政策提言も重要な役割です。現在の福祉制度では、エビデンスに基づく発達支援の実践が評価される仕組みが十分にありません。資格のある人の配置や、支援時間の長短など、外形的要素が報酬の主な評価対象となってお

り、エビデンスに基づく発達支援が広がりにくい設計となっています。そこで、私たちは実装プログラムの成果と保護者や事業者の声をまとめ、管轄のこども家庭庁や厚生労働省の担当者に政策提言を行ったり、シンポジウムを開いて意見交換を行ったりしてきました。行政がリーダーシップを取り、エビデンスに基づく発達支援の重要性を示し、人材の育成を行っていくことができれば、「誰もがどこに生まれても当たり前に効果的な支援を受けられる」状態に一歩近づくでしょう。とはいえ、国の制度を変えていくことは簡単なことではありません。子どもたちにとってよりよい社会の実現という大きなミッションに目線を合わせ、行政を含むさまざまなステークホルダーの皆さんと課題意識を共有しながら、実践モデルやエビデンスをつくり、粘り強く対話と提言を重ねていくつもりです。

● 13. 学生のみなさんへ

　心理学は、社会のさまざまな課題や営みと直結する非常に奥深い学問です。私たちの事例を通じ、研究者やカウンセラーになる以外にも、多様なキャリアや社会貢献の可能性があることを感じてもらえたら嬉しいです。

　また、もし困っている当事者や社会課題に対し何かアクションを起こしたい、と感じている人がいたら、それ自体が本当に素晴らしいことです。まずは考え込む前に、ボランティアでも何でも良いので、当事者との関わりをスタートしてみることをおすすめします。

　私たちは学生時代に小さな取り組みをスタートし、当事者の方々と出会えていたことで、「この事業を始めたらとりあえず喜んでくれる人が10人はいる！」と確信をもって事業をスタートできました。失敗しても失うものがあまりない状況でチャレンジできたのは、学生時代ならではと思います。

　実際に動く中では、先が見えずに不安になることもあると思います。自分たちに足りないものがあったとしても、当事者をまん中に考えて動き続けていればサポートしてくださる方がきっと現れるはずです。不思議なもので、私たちもミッションを片手に走り出した途端、要所要所で助けてくださる方との出会いがありました。カウンセリングルームを間借りさせてくださった企業の方、プログラム開発や研究開発に加わってくださった色々な領域の研究者の方、

第 1 部　　各領域で仕事をつくる

データ分析やアプリ開発を担ってくださった開発会社さんなど……挙げていったらきりがなく、今もそういったつながりが私たちを助けてくださっています。

　学生時代にできた仲間も、一生の財産です。ADDS はたまたま心理学のゼミで出会い、性格も何もかもバラバラな 4 名で起業しましたが、15 年以上誰一人欠けることなく一緒に働くことができています。続けてこられた秘訣は、ただ友だちとして仲がいいという以上に、学生時代に同じ心理学を学び、原体験を共にしたことや、ミッションを深く共有できていることが大きいと感じます。共に心理学を学ぶ同窓がいるのなら、色々な意見を交換し、自分の興味ややりたいことを思う存分話してみてください。それが、一生続く仲間づくりにつながるかもしれません。

14. 最後に

　発達障害のある子どもたちの支援をつきつめていると、結局は一人一人の「個の違い」にどう向き合うか、という点にいきつきます。互いの違いを尊重し活かしあえる社会は、発達障害の子どもだけでなく、私たちを含めすべての人が生きやすくなる社会につながるでしょう。ADDS はこれからも、すべての人が自分らしく学び希望をもって生きていける社会を、今を生きるすべての人とともに実現していきたいと思っていますので、ぜひこれを読んだ皆さんも、そんな理想の社会に向けてできることを、一緒に考えてみてください。

引用文献

熊 仁美 (2020)．エビデンスに基づいて保護者とともに取り組む発達障害児の早期療育モデルの実装：戦略的創造研究推進事業（社会技術研究開発）研究開発実施終了報告書

Maurice, C., Green, G., & Foxx, R. M. (Eds.). (2001). *Making a difference: Behavioral intervention for autism.* PRO-ED.

文部科学省 (2022)．通常の学級に在籍する発達障害の可能性のある特別な教育的支援を必要とする児童生徒に関する調査結果 https://www.mext.go.jp/content/20230524-mext-tokubetu01-000026255_01.pdf

Sandbank, M., Bottema-Beutel, K., Crowley, S., Cassidy, M., Dunham, K., Feldman, J. I., Crank, J., Albarran, S. A., Raj, S., Mahbub, P., & Woynaroski, T. G. (2020). Project AIM: Autism intervention meta-analysis for studies of young children. *Psychological bulletin, 146* (1), 1-29. https://doi.org/10.1037/bul0000215

未来の児童虐待対応の仕事をつくる
──スタートアップの挑戦

株式会社 AiCAN 代表取締役 CEO ● 髙岡昂太

1. 児童虐待に関心を持った体験

　私が対人援助職を志すきっかけの1つに、高校時代の体験があります。酒鬼薔薇聖斗や佐賀のバスジャック事件という自分と同い年の加害者による少年犯罪を知ったことです。なぜ同い年の人がこんなことをしたのだろうと思い、文献を読んでいくうちに、犯罪者の多くが困難な背景を抱えているという事実に触れました。この経験から、心理学やデータを用いるプロファイリングに興味を抱くようになりました。しかし、大学入学後はアルバイトを朝から晩まで複数掛け持ちしては、まとまったお金が貯まり次第、大学の授業をサボって、海外に1人でバックパッカーとして旅歩いていました。19歳のとき、そのバックパッカーで出向いた東南アジアの一国で、安宿のドミトリーに泊まっていた私がご飯でも食べに行こうかとドミトリーを出た際に、7〜8歳くらいの現地の女の子に「Buy me.（私を買って）」と声を掛けられました。最初は自分の英語のリスニング力が乏しいから、意味が理解できていないのかもと思っていたのですが、続けざまに「私を買って。でないと家族のご飯が食べられないの」と言われました。さすがに No と返事をすると、少し離れた場所からこちらを見ている女性（おそらくその子どもの母親？）が、"次に行け"と言わんばかりに、あごをつき上げ、その子どもに合図をしました。すると、その子どもは、同じドミトリーに泊まっていた別の外国人の元に行きました。どうするのだろうと見ていたら、あろうことかその外国人はその子と何か一言二言話した後、どこかに連れていってしまったのです。私は「え？　まじで？　それダメじゃない？」と頭が混乱しました。母親が子どもに売春や労働をさせて、それでその家族は生活をしているという社会的・経済的な悪循環の構造を目の当たりにして、先進国の1つで教育を受けてきたはずなのに、何もできないとい

27

第1部　各領域で仕事をつくる

うモヤモヤ感が生じました。同時に、「これって見て見ぬ振りできるけど、本当にいいのかな……」という疑問や、「あの子の他にも何人の子どもたちが同じ問題を抱え、根本的な社会的悪循環の構造がそこにあるのかもしれない」という考えが混ざりあいました。高校時代の体験とこのバックパッカーの体験が「子どもの安全」という線でなんとなくつながりました。しかし、すぐに答えは出ず、モヤモヤしたまま帰国しました。

　この体験を機に、真面目に勉強してみようと考え、特に子育てや児童虐待の課題について、心理学や社会学、社会福祉学、哲学・現代思想、精神医学の観点から学び始めました。色々な人の元に出向き話を聞いたり、他大学の授業に潜ったりしました。ただ、理路整然な理論を聞いても「それで実際にどうやって解決するの？」という違和感がありました。そのため、現場に出てみようと考え、学部生・院生時代には子育て支援や虐待対応領域で実際に臨床の仕事を始めました。必然的に、虐待の疑いがある家庭の現実に触れることが多くなり、子どもたちの安全が疑われる状況に対して自分が何をすべきか、強く考える時間が増えました。その過程で、虐待やDV、性暴力事例において、援助を求められない方々に対するアプローチの重要性に気付き、「アウトリーチ」に興味を持つようになりました。自分で保健センターの健診やこんにちは赤ちゃん訪問事業の非常勤心理職に従事したり、児童相談所虐待対策班に勤務したりしながら、その「アウトリーチ」の実務を行っていました。援助に対するニーズをなかなか持てない家庭からは、玄関先で「なんで行政が来るんだ」、「うちの子育てを虐待と疑っているのか」、「おまえごときに何がわかる？」と延々と罵詈雑言を浴びせられ、塩を投げつけられたり、コーヒーを掛けられたり、場合によっては刃物を向けられたり……とさまざまなシチュエーションに出会いました。「あぁ、親御さんは親御さんでさまざまな生い立ちがあるし、そもそも行政に対する不信感がある。子どもはこのような環境で追い詰められているけれど、接点がそもそも持てず会わせてすらもらえないんだ」と、大学・大学院で習った受容と共感ベースの教育だけだと歯が立たない毎日でした。そのため、そのような現場での困難事例をなんとかするために、現場で働きながら全国の現場にいるベテラン支援者さんにアポイントメントを取り、どのようにそのような親御さんに対してのアプローチを工夫されているのか、ヒアリングを

し「アウトリーチ」のフローやポイントをまとめる研究をしていました。その研究は自分自身にとっても課題解決につながるヒントが得られるため、研究が実践に役立つのだと感じられとても楽しく意義を感じていました。

　同時に、虐待やDVのような複雑な問題に対処するためには、多職種が連携して対応する必要があります。"切れ目のない連携を"という言葉が使われがちですが、現場にいると仲間であるはずの関係機関との連携の方が、保護者対応以上に骨が折れる場合もあります。なぜならば、多機関・多職種間で子どもの安全に対するリテラシーの差や、各機関の目的やモチベーションの違いから、役割分担ではなく役割の押し付け合いになり、うまく連携がとれないことがあるためです。さらに、その関係機関との「調整」は、日程調整1つ取っても、自治体のシステムはインターネットにつなげられる端末が限られているため、カレンダー共有ツールも使えず、ほとんど電話とメールで行われる非効率さがありました。そういう状況を変えるにはどうしたらいいかと悩み、データから現場の実状を可視化し、仮説を作り、検証しようと思いましたが、現場の児童相談システムには調査記録という名の自然言語の自由記述フォームしかありませんでした。しかも職員によって書き方は統一されておらず、逐語に近い状況で記録を残す職員もいれば、ポイントを絞り2〜3行でまとめる職員もいました。それ以外の大事な情報は、各職員が持っているA4ノートに、手書きでびっしりと書いてある状況でした。解析に利用可能なデジタルデータが当時ほとんど存在していませんでした。そのため、修士・博士までの研究は、現場の課題を言語化することに焦点をあて、全国の自治体を渡り歩いて、現場の「アウトリーチ」と「多機関連携」の課題と解決策をヒアリングし仮説生成を行っていました（髙岡，2013）。副次的に見えてきたことですが、現場は現場で目の前のケースワークに忙殺されているため、職場環境をより良く変える必要性は感じていても、誰がやるのか？、どうやって予算をつけるのか？という問題が各自治体に横たわっていました。業務改善のためにシステムを導入するとなっても、現場担当者はテクノロジーの専門家ではないので、システム設計や要件定義のハードルが高く、一方システムベンダーは児童相談業務フローがわからないので、仕様通りに作っても、結果的に根本的な業務改善につながらないということもあります。

第1部　　各領域で仕事をつくる

　私自身の興味関心として、多忙な児童相談所現場において、非効率な業務の整理と無駄な業務を省き、科学的知見と臨床知を組み合わせ、専門性をどう維持するかが重要になってきました。そして、目の前の子どもに対して、より良い支援ができる環境をつくるにはどうしたらいいのか、というリサーチクエッションに対して定性的に生成された仮説を今度は検証することにしました。臨床業務と研究業務を循環させる定量的な「仕組み化」や現場の業務フローがわかった上でのシステム開発や持続的なデータ利活用の社会実装の取り組みに興味が移っていきました（Takaoka, 2014）。これがスタートアップを考える1つのターニングポイントでした

● 2. 児童虐待対応現場の課題

　児童虐待対応の現場では、毎年児童相談所の虐待対応件数は増え続けており、2022 年度（令和4年度）で 21 万件を超えています（子ども家庭庁, 2023）。子どもの数が減っているのに、虐待が認知される数が増えることは、社会として子どもの権利や安全に関心が高まってきた証左です。しかし、一例としてアメリカでは、日本より人口が3倍弱ですが、年間の通告件数が 2022 年で 427.6 万件（Total Referral）あります（U.S. Department of Health & Human Services, 2024）。システムや文化の違いはあれど、単純計算でアメリカと日本の人口比から通告件数と調査件数を 1/3 とすると、日本でも約 142.5 万件と今の7倍近い通告件数があってもおかしくありません。一方で、そのアメリカであっても、子どもたちへの過去の被害に関する無作為サンプリング調査の結果、その子どもたちが住む地域の Child Protective Service（アメリカで虐待対応を行う児童相談所と警察が統合した組織）が受理したケースの約 40 倍の身体的虐待、および約 15 倍の性的虐待が起こっていたと推計されています（Finkelhor et al., 2005）。日本より、虐待対応が制度的に 30 年ほど進んでいるアメリカでも、それだけ子どもたちが安全を脅かされる事例があるとしたならば、日本でも今後虐待対応件数がまだ伸びるであろうと考えられます。そのため、今現場の最前線で頑張っておられる支援者の方を支えなければ、日本の子どもを守る仕組みが崩壊してしまうという危機感を覚えました。特に 2040 年には労働者が減り、ただでさえ人が採用できない児童相談領域では、ほとんど現場支援者

30

のなり手がいなくなることが予想されます。そういう制約が大きくなる前に、イノベーションを起こし、これまでの業務を見直すために貢献したいと考えました。

　2024年現在、依然として児童相談対応の現場では紙や電話、FAXが主流であることも多くあります。現場に割かれる予算が限られているからこそ、現場職員は歯がゆさを感じながらも、業務を最適化してきた事実もあるのですが、児童相談体制の課題をまとめると、1つ目は、「業務効率化」や「コミュニケーションの円滑化」といえます。迅速な判断や対応をするためには、重篤な事例に効果的にかつ迅速にエフォートを割く必要があります。2つ目には「判断（意志決定含む）の質の向上」です。全国で発生する虐待事例に対処する際、都市部と地方部の違いや地域性、社会的リソースの差異、人材の流動性や専門職の不足など、多様な背景があり、一定程度の判断の質が保たれなければ、子どもの安全に地域差がついてしまうことになります。3つ目には、「DX（デジタルトランスフォーメーション）の課題」が上げられます。DXは単に業務をデジタル化するだけでなく、そこから本来業務がどうあるべきなのか、業務フロー自体を見直していくことが重要です（髙岡他，2021）。全自治体への公平性を重視する「省庁（官）」の視点では一律のガイドラインは策定できても、各自治体における地域文化や特性、社会資源などの違いがあるため、全国一律の対応の均てん化は難しいといえます。このように、忙殺される現場業務において、現状の業務を振り返る人も、時間もなく、手の打ちようがないと思われている状況が現場の課題といえます。

● 3. 現場の課題解決を目指すスタートアップに至る経緯

　私は前述の課題をなんとか解決したいと思い、博士取得後、ある児童相談所から「虐待死亡事例の再発防止のため、属人的だった業務を標準化していきたい」という依頼を受け、リスクやストレングスに関するアセスメント項目についてシステマティックレビューをし、どのように調査していくかといった業務の標準化に取り組みました。現場と少しずつ項目数について議論を重ねながら合意形成をし、データを溜め始めましたが、標準化された業務フローがない中で、これまで手探りに試行錯誤をされてきたベテラン職員からすると「なんで

第1部　各領域で仕事をつくる

いまさらアセスメント項目を作り、わざわざ業務を増やすのか。ただでさえ忙しいのに若手研究者の研究協力なんてしないといけないのか」という反応もありました。とはいえ、地道にデータを溜め、3-4カ月に1回は分析結果を現場にフィードバックし、重篤な虐待に対するより良い対応に関するエビデンスを伝え、さらにその結果に基づき、どのように調査をしていくべきかなどの専門的な研修もしました。まったく関心を持ってくれない職員さんも一部いましたが、関心を持ってくれる職員さんが少しずつ増えていきました。

　5年データを溜めると、ある程度の頑健なエビデンスが見えてきました。その内容をユーザーである職員さんが判断に迷うケースワークの中でリアルタイムに参照でき、意志決定支援を自動化できないかと考えました。海外の大学院にポスドク留学中に、コンピューターサイエンスとデータサイエンス、公衆衛生、数学科の友人たちと、機械学習やベイズ統計の観点でシミュレーションとリコメンドを行う研究を始めました。帰国後に経済産業省の国立研究所である産業技術総合研究所（産総研）人工知能研究センターの主任研究員としてその研究を継続、発展させました。

　実証実験までは新規性の高い研究として研究費が獲得できましたが、それを全国に広げるとなると、他自治体でも複数類似の研究プロセスを回していく必要があります。また、技術を実装するだけでなく、研修や使い方の伴走支援、さらには業務をどうデジタル化しアップデートしていくかというDXの持続的な伴走サポートが重要になります。そのような持続的な伴走サポートには研究としての新規性は認められないため、研究費が認められず、事業化する必要に迫られました。そのため、最初はさまざまな民間事業者やコンサル企業と打ち合わせをし、私たちが作った技術の権利を企業に移転し、ビジネスのプロである彼らに運営を任せようと思いました。

　しかしながら、打ち合わせの中で、ほとんどの民間事業者は自社のICT技術にアドオンする付加価値機能というビジネスありきの議論を提案してきました。営利企業としてそこは無理もなく理解できるのですが、私自身は子どもの安全を守るという目的を達成するには、現場の専門的なドメイン知識を持ち、最前線にいる現場の方々に敬意を払いながら、子どもの安全をどう守るかを一緒に考えることが大切だと感じていました。また、既存のシステムでは持って

未来の児童虐待対応の仕事をつくる

いないデータ項目が複数あり、操作研修や信頼できるデータを入力するための専門的なアセスメント研修、さらには業務自体を効率化していく DX の伴走支援も必須であることから、それを実現するには、自分たちでやるしかない、という結論に達しました。その結果、子どもの安全な世界をつくるというビジョンと目的に共感してくれる信頼できる仲間と共に、目的達成に対する"手段"としてスタートアップを起業することにしました。当時、これまでの科学者‐実践家の教育を受けた自分が、研究者のパーマネントポジションを手放してでもスタートアップに挑戦しようと思えたのは、「子どもの安全な世界をつくりたい」という課題解決に至る想いと、「ロールプレイングゲームだって Lv. 20 になったら転職して Lv. 1 に戻るように、色々失敗もあるだろうけど、死なないようにキャリアを成長させよう」といった私自身の考え方、また起業について相談した家族も抵抗なく応援してくれたことも一因でした。

4. 子ども虐待対応課題解決に挑むスタートアップの挑戦

このような背景から、現場の支援者と共にテクノロジーを活用し、児童虐待対応の課題解決を目指すため、私たちのスタートアップは現場の最前線にいる方々に寄り添う存在でありたいという意図を込め、Assistant of Intelligence for Child Abuse and Neglect の略で株式会社 AiCAN（読み方：アイキャン、https://www.aican-inc.com/）を設立しました。「すべての子どもたちが安全な世界」というビジョンと「子どもを守る仕組みと価値観をアップデートする」というミッションの元、以下の 3 つの事業を展開しています。

1. ICT やデータ活用の Software as a Service（SaaS）と現場への伴走サポート事業（AiCAN サービス）

   私たちは、ICT やデータを活用した SaaS と現場への伴走サポートを提供しています。これにより、現場の支援者が効率的に訪問先などでも調査業務を行えるよう支援しています。例えば、セキュアに個人情報をやりとりするための閉域網を利用したクラウドの導入や、リアルタイムでの情報共有ができるなど、3 カ月に 1 回ユーザーのニーズに答えるべく、新しい機能リリースを行っています。

33

第1部　各領域で仕事をつくる

2.　実践的かつ専門的な研修事業（Empower）

　　現場の支援者が最新の知識とスキルを習得できるよう、実践的かつ専門的な研修を提供しています。例えば、最新の虐待対応技術やアセスメント、心理的アプローチの手法、ICT の活用方法などを学ぶことができます。アプリの機能と連携することで、最新の技法を学ぶだけでなく、研修で学んだことをアプリでもガイドされ、ユーザーはデータを入力・実行できるため、より効果的に対応できるようになります。

3.　現場のデータ解析事業（Insight）

　　Evidence-Informed Practice（EIP）と Evidence-Based Policy Making（EBPM）に向けたデータ解析を行っています。これにより、科学的根拠に基づいた意志決定や政策立案が可能となります。具体的には、虐待の発生状況や対応の効果をデータで可視化し、適切な対策を講じるためのサポートを行っています。

　このような包括的なアプローチには、これまで培った臨床と研究を両方行う「個人」の科学者 – 実践家のモデルをベースに、テクノロジーとビジネスという持続可能なサービス提供形態を「チーム・組織」で行うということにつなげた背景があります（Takaoka, 2022）。現場の支援者と共にデジタルトランスフォーメーションを推進し、日本全国はもとより、世界の子どもたちの安全を確保するための持続可能な社会インフラを構築することが目的です。私たちのスタートアップはビジネスとしての成長に加えて、社会的インパクトを生み出すことも目標としています。特に、児童虐待という深刻な社会問題に対し、科学・臨床知・テクノロジーを融合させた解決策を提供することに重きを置いています。ただ単に、大規模データを集めるのではなく、各地域の課題解決という目的を言語化し、解決に必要であればデータを手段として用います。その際にもし AI を活用した方が良ければ、倫理的な問題も考慮するため「責任ある AI」（AI システムの開発と運用において、セキュリティ、プライバシー、倫理的問題などのリスクに対処し、AI が安全で信頼できることを保証する原則や実践のこと）の議論を重要視します。そのため、まず信頼できるデータを研修サービスによって蓄積する伴走サポートを大事にしています。令和5年度に

は、中小企業庁の補助金により児童相談所と市区町村の子ども家庭センター合計6自治体で実証実験を行い、記録に掛かる業務時間を6割削減できました。削減できた時間で、これまで会えなかった子どもに会ったり、面談や家庭訪問前の作戦会議の時間に使ったりできるようになりました。またその成果を再現性をもって他自治体でも展開できるよう、ロジックモデルや測定した指標をインパクトサマリーとして公開しています（AiCAN, 2024）。虐待死を無くし、子どもの安全を守るためには絵に描いた餅ではなく、着実にレンガを1つ1つ積み上げることが大切だからです。社会課題解決のために公共機関や自治体と連携しつつ、持続可能な収益モデルとして、公共機関に提供するサービスが重要です。その上で、2028年以降は民間企業やフィランソロピーとの協力を通じて、toB（民間企業向けサービス）やtoC（個人向けサービス）にも発展し、予防段階にまでサービスを展開する予定です。長期的に事業を支える収益構造を作り上げ、日本と海外の児童福祉をリードし、日本や海外の子どもたちに還元できる経済的循環をつくりたいと考えています。

　一方で、そのような事業を継続するには、子どもの安全という社会的インパクトとビジネスとしての成長性の両面が必要となります。創業期は、銀行からの借入（Debt）によるファイナンス、シード期以降はベンチャーキャピタルや投資家からの投資（Equity）を受け、事業を大きくしていくことが求められます。ファイナンスについては臨床心理学でほとんど習いませんが、事業というサービス形態を始め、大きくしていくには資金は大事なガソリンとなります。お金＝信頼という形態だからこそ、仲間と信頼を集め、事業に投資していく意志決定が必要になります。と同時に、信頼は誠実さが欠けたり、約束を守ることができなかったりすると、すぐに崩壊してしまいますので、投資家との約束は全力で守らなければなりません。

　私は以前スタートアップの前に、ボランタリーに虐待対応×SNS×インフォグラフィクスによる心理教育動画を組み合わせたオンラインアウトリーチを行うChild First Lab.というNPO法人を運営していたことがあります。ただ、今回は本事業ではNPOを選ばず、株式会社のスタートアップを選択しました。その理由は3つあります。1つ目は、今困っている子どもたちに早くリーチできるよう、「スピード感」を持って事業を国内・海外に広げるためで

第1部　各領域で仕事をつくる

す。そのためには特に創業期において採択されるかどうかわからない補助金を取って事業を継続する NPO スタイルよりも、自らの意志決定で資金調達を行いビジネスを加速させることで、サービスをより早く成長させることが重要と考えるためです。

　2つ目は、子ども家庭庁ができ、高齢者だけでなく、やっと子どもと若者の支援に目が向いたことにより、お金が市場にも流れるようになりました。さまざまな事業者が子どもや若者への対応に参入してくることにより、競争原理が働く市場が生まれます。私たちは、この市場を一過性にするのではなく、他社と競争し、より良いプロダクトの品質やサービスの価値を自治体や職員の皆さまに感じてもらうことで、市場自体を発展させ、この児童福祉領域に優秀な若者が持続可能な形で入り続けられるようにしたいと考えたため、スタートアップを選択しました。とても優秀な大学院の仲間には「虐待対応は重要だけど、稼げないから」と医療や外資系、大手企業へのキャリア選択をした人がいました。今後は「虐待対応分野は重要だし、ちゃんと課題解決に見合った価値を出せば稼げる」という福祉における市場をつくることが、持続的な課題解決の前提になるため、前例主義ではなく、現場の文化や慣習に敬意を払いながら、より良い支援が持続的に行えるよう児童福祉の文化をアップデートしたいと考えています。

　最後の3つ目は、虐待対応における市民への気づきの向上とアクションの選択肢を増やすためです。これまでは、虐待を疑ったら「通告してください」というメッセージばかりでした。通告については、アメリカでは専門職は子どもの安全を疑いながらも通告しないという選択肢を取った場合、罰金や支援者としてのライセンス剥奪などの罰則があります。日本では通告に対する罰則規定がなく、通告へのハードルが高いという場合もあります（Yanagi & Takaoka, 2022）。そもそも、通告は人だけがすべきでしょうか？　今後、AI や Robotics は、洗濯機や炊飯器のような存在として、我々の生活と共にあり続けます。そういったテクノロジー側が人間に寄り沿ったり、子どもの安全に気づけるようになったりする時代はもうすぐそこに来ています。もちろん監視社会といった倫理的問題の考慮を経た後に、今困っている子どもたちへの気づきを検出できるようにするテクノロジーを開発することも重要になると考えられます。その

ような子どもの安全に関して、公的機関だけに任せるのではなく、Child Youth Tech に「投資する」という選択肢を新たに提供し、実際にそのような民間サービスを使ったり、スタートアップや NPO を運営したり、社員やプロボノで関わったりするなど、「参画する」という選択肢を新たに創出したいと考えています。そのような企業が、公的機関と共に、社会的インパクト評価として、事業の進捗や成果を定量的に評価し、児童虐待の早期発見や対応策の効果を測定・発信することができれば、産学官の視点で子どもの安全という、ウェルビーイングの土台となる要素を固め、未来の子どもたちにより良い社会を残すことにつながります。このような理由から、子ども虐待は日本国内だけでなく、諸外国でも起きているため、今後さらにグローバルにも展開していきますし、世界中の現場のニーズに応え、子どもたちの未来を守るための挑戦を続けていくため、スタートアップという選択肢を選びました。

5. 若手心理職へのメッセージ

ここまでさまざまな観点をまとめましたが、まだ私たちのスタートアップ AiCAN はまだまだビジョン達成に向けた挑戦の過程にあり、達成に至っているわけではありません。今後、若手心理職の皆さんと共にビジョンに向けて前に進みたいと思っています。そのため大それたことは言えませんが、皆さんにとってピンと来たものだけ取り入れていただければと思います。最後に、成功した先人と失敗した（とご自身で言っていた）人のどちらにも共通し、私自身も大事にしている3点だけ、まとめてみます。

1つ目は、「やりたいことをやった方が良い」です。他の人は色々言ってきますが、取り入れた方が皆さんにとって絶対プラスだという意見は取り入れ、それ以外はあまり気にせず、自分の「好き」や「やりたいこと」にこだわって良いと思います。最終的にはそれがつらく・しんどい時にも乗り切れるモチベーションになるからです。私の場合は、臨床心理学における技術（アート）はとても大切ですが、さらにそれらを言語化し、再現性を高められる具体思考と抽象思考を行き来できるような科学の要素がある方が好きですし、この後10年で絶対に必要な技術だと思うので、今の事業もその観点を大事にしています。

第1部　　各領域で仕事をつくる

　2つ目は、「環境は重要」です。人間は環境に慣れますし、楽な方に流れやすいものです。ある程度年月を重ねると、「今やっていることでいいのかな」と飽きもきます。そういうときに、皆さんの信頼できる友人や同僚が、仕事に高い視座を持っていたり、熱いやりがいを持っていたり、生きがいを感じていたり、自分の好きをとことん突き詰めていくタイプの友人に囲まれていると色々な刺激になります。この刺激は皆さんの認知を「自分にはこんなことできるはずない」という段階から、知っている友人が取り組んで達成できたことを見て「あいつにできるなら、私にもできそう」という認知に至り、挑戦へのハードルを下げてくれます。そのためには、周りにどういう人がいるかという環境要因はとても大切です。

　3つ目は、「心理の強みは最大限に活かす」です。今後みなさんはたくさんの意志決定をすることになりますが、決定した瞬間は何が正解かわかりません。研究は、事実を観測し評価することですが、社会起業家などのスタートアップによる社会実装やサービス提供においては、自分で決定したことに意志を持って主体的に関与し、未来に向かって選択した意志決定を正解にするために行動することが求められます。そのため、仮説を生成し、仮説検証のために早く行動し、失敗から学び、成功への確度を高めるという認知はあった方が便利だと思われます。極論、あらゆる課題は生物 – 心理 – 社会（– スピリチュアル）の観点で考えられるので、心理の視点はいつ何時、どこに行っても知見とスキルを活用できます。例えば、スタートアップでも、ビジネスサイドなら現場のリサーチクエッションや研究法の知見は、顧客ニーズに迫ったり、調査手法や顧客の抱えるペインを言語化したりすることに役立ちます。営業・マーケティングであれば、動機づけ面接や Solution-Focused Approach の視点は商談でも活用できます。組織作りであれば、心理的安全性やリーダーシップ理論、チームビルディングやファシリテーションスキルは重要になりますし、さまざまな困難があった際も、ストレスコーピング技術は自分自身に対するセルフケアに活用できます。心理の技術や考え方は、メンタルの回復魔法を自分自身に使えるというところに価値があると思います。今せっかく学費を払って心理学を学んでいる皆さんにとって、最大限の人生のリターンになるよう、基礎心理学から臨床心理学までの知見を学んで活用いただけたらと思います。

未来の児童虐待対応の仕事をつくる

　最後に、自分が課題解決に貢献したいテーマがあれば、それに向けて自分の人生を賭けられるのはとても楽しいことです。事実、AiCAN サービスのユーザーである支援者の方から「AiCAN があったから、今まで時間がなくて会えなかった子どもに会えた」「AiCAN がないと仕事にならない」と言っていただけることが、とても嬉しく、それを仲間とわかち合えるのは何よりありがたい体験です。ただ、まだまだサービスは発展途上ですので、改善の余地があります。また、スタートアップにはどの会社でもさまざまな Hard things（大変なこと、理不尽な壁など）があるかと思いますし、倒産などのリスクもあります。しかし、仲間と共に、誠実かつひたむきに、目的に向かって前へ進めているので、毎日とてもワクワクしながら仕事ができます。子どもの安全のために本当に必要なあるべき未来をつくるのは自分たちなんだと信じて行動し続け、それを周りの皆さんにも感じてもらえるよう社会的な価値を出す。そのために「すべての子どもたちが安全な世界」にするという意志決定を正解にするため、私たちは泥臭く、しぶとく、がむしゃらに走り続けます。もしこのビジョンに関心を持たれた方は、ぜひお気軽に会社 HP よりご連絡ください。皆さんにとって、信頼できる仲間と世界を変える未来に向けた心理職キャリアとして、就職・開業・アカデミア以外の選択肢に、「スタートアップ」もぜひご検討いただければと思います。もちろん皆さまがご自身のスタートアップを始めて挑戦するというのもとても素晴らしいことで応援しています。

引用文献

AiCAN（2024）.「虐待死のない社会の実現」に向けたインパクトサマリーを公開しました
　　https://www.aican-inc.com/news/20240401-02/
Finkelhor, D., Ormrod, R., Turner, H., & Hamby, S. L.（2005）. The Victimization of Children and Youth: A Comprehensive, National Survey. *Child Maltreatment, 10*(1), 5-25. https://doi.org/10.1177/1077559504271287
子ども家庭庁（2023）. 令和 4 年度 児童相談所における児童虐待相談対応件数（速報値）
　　https://www.cfa.go.jp/assets/contents/node/basic_page/field_ref_resources/a176de99-390e-4065-a7fb-fe569ab2450c/12d7a89f/20230401_policies_jidougyakutai_19.pdf
髙岡　昂太（2013）. 子ども虐待へのアウトリーチ 多機関連携による困難事例の対応　東京大学出版会
Takaoka, K.（2014）. Effective Decision-Making Support for Intervention of Child Abuse and Neglect: Using Information-Communication-Technology. *The Link Official*

Newsletter of the International Society for the Prevention of Child Abuse and Neglect. *24*(3), 4-5.

Takaoka, K. (2022). AI Implementation Science for Social Issues: Pitfalls and Tips. *Journal of Epidemiology, 32*(4), 155-162. https://doi.org/10.2188/jea.JE20210278

髙岡 昂太・橋本 笑穂・坂本 次郎・成島 絹登（2021）．福祉分野における自治体のデジタルトランスフォーメーションブックレット トヨタ財団研究助成プログラム特定課題「先端技術と共創する人間社会」報告書 https://staff.aist.go.jp/kota.takaoka/Ai for better society_files/pdf/2021toyota_DXbooklet.pdf

U.S. Department of Health & Human Services, A. for C. and F. A. on C. Y. and F. C. Bureau. (2024). *Child Maltreatment 2022.* https://www.acf.hhs.gov/cb/data-research/child-maltreatment.

Yanagi, Y., & Takaoka, K. (2022). How school staff hesitate to report child maltreatment in Japan: A process model of child protection, generated via grounded theory. *Children and Youth Services Review, 141,* 106617.
https://doi.org/10.1016/j.childyouth.2022.106617

自殺予防における新たな仕事づくりの道筋
──ソーシャルワーク・心理支援・テクノロジーの融合

特定非営利活動法人 OVA 代表理事 ● 伊藤次郎

　すべての仕事は誰かが始め、形作ります。「こころを守る仕事」も例外ではないはずです。形作るとは、例えばその仕事が続くような仕組みづくりだったり、自分以外の誰でも再現できるように標準化したり、対価が得られる仕組みを作ったりすることです。

　一体どのようにしてそのようなことができるのでしょうか。著者はソーシャルワーカーとしてインターネットで対人援助を行う活動を 2013 年から開始しました。当時はインターネットを活用した対人支援に関するマニュアルはほとんどありませんでした。そして相談活動は無償の活動として始まり、今では数十の自治体から委託を受け、運営する団体では 50 名近い職員と共にインターネットで相談を受ける事業を行っています。職員はボランティアではなく、すべて雇用しており、職員の大半が、臨床心理士・公認心理師・精神保健福祉士・社会福祉士・保健師などの対人援助職の有資格者です。

　もしかしたら、今では読者の友人や先輩で SNS 相談事業にカウンセラーとして従事している人もいるかもしれません。あるいは、インターネットを通じた対人援助の技法に関する書籍を読んだり、職能団体が企画する研修などを受けたりしたことがある人もいるかもしれません。今ではそれほど珍しいことでもありません。ただ、それは 10 年前にはほとんどなかったことです。では、なぜ今はそれがあって、仕事に従事している人がいるのでしょうか。著者の経験を共有します。

1. 声なき声を知る

　2013 年の 6 月末のことです。年間の自殺者数が減少傾向の中で、20 ～ 30 代の若者の自殺だけが減らないというニュースを見聞きすることがありました。当時 28 歳の若者であった著者は、問題意識を覚え、インターネットで調べて

第1部　　各領域で仕事をつくる

いくうちに、1つの問いが浮かんできました。「そもそも、一体どうすれば死にたい気持ちを抱えている若者に出会えるのだろうか？」

当時、公開されていた検索ボリュームの調査ツールを利用し、1つの検索エンジンで「死にたい」の検索履歴が月に約13万回調べられていることを知りました。続いて目に入ったのは「死にたい　助けて」という検索履歴でした。衝撃を受けました。一体どのような思いで「死にたい　助けて」と打ち込んだのでしょうか。

実際に検索エンジンに「死にたい」と打ち込んでみましたが、その検索行動は誰にも知られることもなく、その検索結果にも、なんら救いもありませんでした。

そして「死にたい」の検索に対して、検索連動広告を打てば、見えない希死念慮を抱えている若者に出会えると気づきました。そして、宛先のないこの叫びに、宛先を作らなければならないという思いが高まっていきました。

● 2.　ニーズに合わせてアプローチを変える

約2週間後、「死にたい」の検索に対して、見よう見まねで検索連動広告を打ちました。そしてその効果は絶大でした。すぐに希死念慮のある10代・20代の若者からメールが届くようになりました。

最初はメールで相談を受け付けつつ、Skypeという通話アプリで電話相談を促しました。しかし、ほとんどすべての相談者から断られることになりました。「電話は緊張するから」「メール／文字で話したい」といった理由でした。Skypeをチャット的に利用することはあっても、音声での面談につなげることがほとんどできなかったのです。

開始早々に行き詰ってしまいました。相談自体が始まらないため、思い切って相談者のニーズに合わせてテキストでやりとりすることとしました。インターネット相談の援助技術について調べましたが、当時は資料がほとんどありませんでした。

また自殺予防の電話相談（ホットライン）の取り組みでは伝統的に単発の「傾聴」がなされており、その心づもりで相談活動を始めていました。しかしすぐに考え方を変えなければいけない必要に迫られることになります。

42

自殺予防における新たな仕事づくりの道筋

　引きこもりがちになっている若年女性から相談を受けたとき、睡眠障害など複数の抑うつ症状があるように思われました。傾聴だけで対処できるような状況ではなく、医師による治療が必要でした。近隣の心療内科に相談を促して、治療にげることができました。生活に困窮している相談者には傾聴に留まらず、行政の窓口など相談機関や制度につなぐようにしていきました。

　電話も、何度かメールのやりとりをした上で提案すると、断られないケースも増えていました。必要であれば電話・対面での面接も行い、相手の状況に合わせてコミュニケーション方法を変えていくようになっていきました。

　こうして、単発の傾聴サービスではなく、インターネット上で自殺や心身の健康状態をアセスメントする質問を重ね、抱えている問題を整理しながら、相談者に必要な現実の支援機関・制度につないでいくという継続的な対人支援サービスに変化していきました。後に活動を「インターネット・ゲートキーパー活動」と呼称することとなります。アセスメントが重要であるため、市民のボランティアではなく、対人援助職が有償の仕事として従事する必要があるとも考えていました。

　ほとんどが具体的に自殺を考えている相談者でしたが、抱えている問題は非常に多様でした。食事するお金もない。ネットで詐欺に遭った。性依存で仕事を休んでいる。不貞をしている。流産したことがつらい。家族が自死した。罪を犯してしまった。人間のありとあらゆる悩みが押し寄せていました。インターネット相談は顔も声も出す必要がありません。それらの匿名性は緊張感をやわらげ、自己開示を促すことに機能しているように思われました。

　少しでも知らないことがあると書籍を取り寄せて学ぶことを繰り返していました。ただ、例えば「デリバリーヘルスで働いていて、店にバンス（給料の前借り）があり、過重労働させられていて店の寮から逃げ出したいと思っている女性」に関する支援例や関連する知識を知りたくとも、専門家が書いた専門書・論文を探してもなかなか出てきません。そのため、NPOが公開する資料や、ジャーナリストのルポルタージュなど、目の前にいる人を支援するために必要な知識を少しでも高めるため、関連する資料はなんでも読み、研修にも参加しました。

　また、相談活動と並行して、ブログやSNSを開設し、活動について情報発

43

第1部　　各領域で仕事をつくる

信も始めました。

● 3.　仲間を見つける

　ブログや SNS 上での情報発信は珍しい活動であったためか、一定のポジティブな反応がありました。一方で、ネガティブな意見もありました。インターネット相談に対する対人援助職の反応も芳しいものではありませんでした。

　活動を持続するためのリソースをどう集めていけばいいのか、見通しが立っていませんでした。少しでもヒントを得たり、仲間を見つけたりしたいと社会起業のコミュニティにも足を運びました。しかし「自殺予防?」「マネタイズはどうするの?」と反応は悪いものでした。当時、今よりも自殺の問題はスティグマが強くあったように思いますし、自殺予防の相談活動はソーシャルビジネスとして成り立ちにくい取り組みだったからかもしれません。

　活動を認めてくれる人の声よりも、ネガティブな反応が多く感じられました。相談活動をこのまま 1 人でやり続けるのに困難を感じるようになっていきました。

　そんな折、その後の活動を決定づける重要な出会いがありました。池袋の書店で 1 冊の書籍を見つけたのです。末木新氏の『インターネットは自殺を防げるか——ウェブコミュニティの臨床心理学とその実践——』です。末木氏は自分よりも先にインターネットと自殺予防について研究していた、パイオニアでした。

　末木氏に直接会いに行き、協力を要請しました。その後、長きにわたって重要なパートナーになります。

　末木氏が最初に提案したことは、メールで実施している相談支援のプロセスを分析し、「何をやっているか」を明らかにし、評価することでした。これは基礎的なマニュアル作りでもあり、個人の援助職の暗黙知を形式知化する作業でもありました。インターネット相談支援の形式知化は手法を広げていくためにも重要であり、その後もずっと継続的に、戦略的に行っていくこととなります。

　対外的にも研究者である末木氏とのパートナーシップは 1 つの社会的な信頼

44

にもつながっていきました。末木氏は 2013 年 12 月に世界中の著名な自殺予防の研究者が集まる WHO のカンファレンスでインターネット・ゲートキーパー活動を紹介しました。

その後、テレビ・ラジオ・新聞などのマスメディアに取り上げられるようになりました。当時は法人格もない任意団体でしたが、著名なテレビ番組が活動の特集を組み、新聞が紙面 1 面すべてを使って「世界初の取り組み」と特集を組むこともありました。著名なインフルエンサーがブログで度々取り上げてくれるようにもなっていました。反対にインターネット上では批判的なコメントもより多く見られるようになりました。

● 4. チームをつくる

活動を始めて 1 年後、2014 年 7 月に法人化を行い「特定非営利活動法人OVA」となりました。当時、末木氏が書いた研究の助成金の申請が無事採択されていました。こうして相談員に報酬が支払える状況となりました。そこで大学で末木氏と共に採用面接を行いました。そのとき、面接に訪れた臨床心理士の女性は、今では相談対応チーム約 30 名の専門職を束ねる管理職となっています。

その後、相談員育成のための研修カリキュラム作りを行いました。自殺のリスク評価や介入に関する基礎的な知識、インターネットを活用した相談支援の技法については、専門職であっても一から教育する必要がありました。経験のある専門職がいなかったためです。こうして、相談は個人ではなく、チームで行われるようになっていきました。

活動にも一定の手ごたえを感じ続けていました。仲間も集まってきました。ただし、ファンドレイジング（資金調達）だけは困難を極めていました。準備を重ね、法人化とともに満を持して寄付のお願いをするも、うまくいきませんでした。「結局、金が欲しいのか」とお叱りのメールが来る始末でした。自殺予防は最も寄付がされづらい領域のワースト 1 位であることを後に知りました。

仲間はいたものの、相談活動から広報、事務処理までこなす必要がありました。投入してきた私財も徐々になくなっていき、底をつきかけていました。資

第1部　　各領域で仕事をつくる

金面では苦しい局面が続いていました。ファンドレイジングやNPOの運営に関する書籍や文書を読み漁りましたが、資金を調達できる明確な見通しは立てられませんでした。

それから2016年度（2017年3月）までの年間予算は200万円程度で、職員も5名以下の小規模なリソースで活動を続けました。相談員には「謝金」形式で支払いを行っていました。2017年度に、ある民間の財団が大規模な助成を実施してくれたことで、自分も含めて職員を「雇用」をすることができるようになったのでした。

● 5. みんなの仕事に変える

2016年には全国の若者の自殺対策に取り組む民間団体に呼びかけ「若者自殺対策全国ネットワーク」を発起し、共同代表となり、啓発活動や調査事業などを行いました。2017年には自殺対策を推進する議員の会に本ネットワークを通じて、政策提言を行いました。

具体的には自殺総合対策大綱の改訂に向けて若者の自殺対策を強化するよう求める要望であり、自殺対策におけるICTの活用も含みました。結果、要望書の多くの項目が、翌年改訂した大綱に組み込まれました。このとき、一連のソーシャルアクションをサポートしてくれたのがNPO法人ライフリンク代表の清水康之氏でした。

大綱改定直後の2017年10月末に、SNS上で「死にたい」とつぶやいていた女性を自宅に誘い込み、次々に殺害するという「座間市における事件」が発覚しました。連日報道がなされる社会問題となり、国内外のマスメディアからの取材依頼が殺到しました。

報道の初期は「SNSで死にたいとつぶやくことは危ない」といった個人に責任を求める意見が多く、評論家の見解も規制を強化すべきといったものが多勢でした。それに対し、なぜSNSに若者が「死にたい」とつぶやかなければならなかったのか、また、相談活動は電話が主流となっているが、若者のSOSを受け止めるためにも、彼らのコミュニケーション文化に合わせたインターネットによる相談活動を普及させ、SOSを受け止める受け皿をつくっていくべきだとメディアに出て発言を繰り返しました。

自殺予防における新たな仕事づくりの道筋

　まもなく内閣官房から有識者として招聘される機会があり、検索連動型の窓口誘導やインターネットを活用した相談事業を開始するよう政策提言を行いました。翌年2018年3月に厚生労働省はSNS相談事業を開始しました。さらに私たちはそれらのSNS相談事業を振り返り、手引き化していくよう厚生労働省に提言を行いました。

　その後、厚生労働省は「自殺対策におけるSNS相談事業（チャット・スマホアプリ等を活用した文字による相談事業）ガイドライン」を発表しました。日本初のインターネット相談に関する公的な手引きです。委員としてガイドラインの内容の策定に関与しました。

　学会や職能団体などでもインターネット相談の意義や具体的な技法についての講演・研修会を行いました。この頃には、批判の声を聞くことは少なくなっており、インターネット相談の専門職の重要性が社会に理解され、受け入れられつつあるという手ごたえを感じ始めていました。

　その後、総務省には自殺対策関係者とSNS事業者とで意見交換する場をつくることを提言し、会議に参加しました。また、SNS事業者から安全対策に関するカウンセルに直接呼ばれるようになり、団体として複数のSNS事業者とパートナーシップを結びました。

　SNSでは自殺関連用語を検索すると相談窓口が表示されるようになり、主要な検索エンジン事業者のおよそすべてが自殺関連用語に検索連動で対応するようになっていきました。これらのSNS事業者の取り組みは日本から始まり、海外で実装されていったと聞きます。国の啓発活動もポスター一辺倒でなくなり、検索連動型広告やweb広告のターゲッティング機能まで活用するようになっていました。自団体では広告のあり方についての研究も進めており、ガイドライン化し、他の団体が利用できるように公開しました。

　2018年には足立区がインターネット・ゲートキーパー事業を開始し、委託を受けることとなりました。委託は事業主体が自治体です。民間団体が行う事業へ「補助」することとは異なっています。

　個人が始めた活動は法人の活動となり、公的な活動となりました。つまりインターネットを活用した相談事業も検索連動広告によるアウトリーチ（デジタルアウトリーチ）も政策化し、パブリックサービス化したということでした。

47

第1部　各領域で仕事をつくる

　こうして自らが開発した事業を特定の自治体で実施することになり、自治体から委託料が支払われることで民間の財団からの助成金も不要となり、自律して相談員を雇用し、インターネット・ゲートキーパー事業を実施できるようになったのでした。

　2020年には新型コロナウイルスの感染拡大によって、社会全体でDX化が進んでいきました。対面での支援は感染を高めるリスクもあり、デジタルアウトリーチやインターネットを活用した相談支援の社会的ニーズはいよいよ増していき、やがて当たり前の風景となり、インターネット相談に従事する専門職も増えていきました。団体の年間予算も設立から10年で約100倍になりました。

　一連の活動をファンドレイジングの観点で見れば、まず「自己資金」で「新しい仕事」を生み出し、効果検証をしながら、成果を出します。それを他者に伝えて「寄付」を集め、民間の、あるいは公的な「補助金」を得て、政策提言を通じて、事業を政策化します。その後、自治体から「委託」として事業を受けることで、自律的に事業が継続できるようになります。

　なお、心理支援事業の場合、このような行政のパブリックサービスとしてではなく、市場や準市場での普及があり得ます。例えば、市場でのケースでいえばEAP（従業員支援プログラム）で、これはわかりやすく言えばビジネスです。医療現場における一部の心理検査の実施は医科診療報酬の対象ですから準市場と言えます。よって「新しい仕事」が市場・準市場に組み込まれることを目指す場合もあるでしょう。著者の職種である精神保健福祉士のほとんどは医療・福祉などの法令に基づく事業（準市場）で働いています。しかし対象者が「自殺念慮を抱えた人」の場合、病気や障害のように客観的な観察が難しく、また固定化しておらず揺れ動きがある主観的な経験という性質があります。また、自殺の危機にある人の支援は「ボランティア」で行ってきた歴史などの文化的背景もあり、自殺のリスクが高い本人（受益者）から対価を直接得る市場での取り組みが成り立ちづらい側面があります。例えば震災などの災害で避難所にいる人を対象にビジネスを行うとしたら、対価を払える払えないにかかわらず、社会的に受け入れられづらいことは想像がつきやすいかと思います。

　自殺対策の場合、取り組みに一定の効果が見込まれ、かつ市場で事業を成り

48

立たせた事例は、世界的にも聞いたことがなく（規模が小さい自殺予防研修事業などは除く）、国内で準市場に組み込まれた事例は「自殺未遂をして病院に搬送された状態」の方を対象にした未遂者支援のみと思われます。自殺対策の多くが行政による公共サービス、もしくは寄付や補助金を利用した民間団体による自主的な取り組みです。

● 6. こころを守る仕事のつくり方

　ここまで、具体的な著者の経験を共有してきましたが、もう少し、新しい仕事のつくり方について考えてみます。仕事のつくり方は、最低限までに変数を減らして考えるならば2つで表すことができるように思います。

仕事のつくり方＝「社会のニーズ」×「自分のできること」

　仕事は、ニーズから考えて形作るものであると思います。心理サービスであれば、1人の誰かの痛みや、変化したいといった切実な思いがニーズです。その人1人のために、自分ができそうなことを具体的に形作ればいいのです。重要なことはこの順番です。自分ができることや技術から考えるのではなく、ニーズから考える必要があると思います。

　一般的な市場ではニーズにマッチした品質の高いサービス・いい製品が売れるとは限りません。売るための仕組みづくりをした製品が売れています。「こころを守る新たな仕事」であっても同様の側面があるはずです。いかにクライアントにとっていい仕事を生み出せたとしても、それを社会に共有する努力を怠れば、自然に広がっていくことはたいていの場合、ありません。決して「新しい仕事を生み出せた」と安堵して、普及する責任を手放してはいけないのです。これは強調しておきたいことです。仕事をつくることよりも、その仕事を普及していくことの方がずっと難しく、普及の仕組みづくりに、はるかにリソースをかける必要があります。認知行動療法を学ぶ心理学の学生は多くいますが、それがどのように開発され、普及に至ったかの具体的過程を学んでいる学生は稀でしょう。もし「仕事をつくり、広げたい」のであれば、心理学領域のみならず、新しい事業・取り組みの開発と普及についての事例をたくさん

第 1 部　　各領域で仕事をつくる

読み込んでおくことが役立つはずです。

　仮にそうしたサービスの開発に成功し、いざ普及しようとしたら、質の低い模倣サービスが現れるかもしれません。他者の行動の完全な制御はできませんが、ガイドラインなどを作成することで、他者に影響を与えることができます。対人支援は人間と人間の営みである以上完全な画一化はできません。しかし例えば来談者中心療法の創始者であるカール・ロジャーズは、「共感的理解」「無条件の肯定的関心」「自己一致」という「3 原則」を提唱しています。そのような指針が示されて、初めて他者が来談者中心療法とは何かを学び、それを取り入れることができます。新しい仕事を普及させるならば、他者が理解し、模倣できるように一定の構造化が必要になります。インターネット相談の研究や形式知化、ガイドライン化にこだわったのはそのためです。

　新しい仕事の普及には、国・地方自治体・企業・NPO 法人・研究期間、さまざまなステークホルダーの協力が必要です。難しいことのように感じられるかもしれませんが、そのとき、相手に理解してもらおうと説得するよりも、むしろ相手を理解する態度や技術の方が重要にも思います。

　個人であれ集団であれ、動かしているのは人間です。それぞれの立場で、それぞれの論理があり、正しいと思って行動をしています。要するに、みんな正しいのです。それぞれの立場の論理を学び、どんなに意見を異にする人であっても敬意を払い、その正しさを理解しようと努め、共通項を見つけ、調和していくよう行動していくことが重要だと思います。

　私は研究者と研究を行っているのにもかかわらず、いまだに統計的な分析の手法がよくわかりません。こんなことを言えば笑われてしまうかもしれませんが、関係している研究者の方々の論文や研究も読んでいて理解ができないことがいまだに多々あるのです。

　「よくそんなスキルで、協働できますね……」と思われるかもしれませんが、関係する研究者が何を大切にしているか、自分に何を求めているのかについては、自分なりに理解しようとしています。そもそも自分にできないからこそ手を取り合う意義があると考えています。

　「早く行きたければ 1 人で行け、遠くへ行きたければみんなで行け」という諺がありますが、自分でできることは 1 人でやってしまいますから、他者を必

要としなくなってしまいます。すると、つながりが生まれないので、人間、むしろできないことが多い方がいいのです。ただし、さまざまなステークホルダーと協働するためには、その人の立場を理解するため、一定の学びが必須です。

自殺対策に従事する人であれ、対人支援に関わる人であれ、政策を作って実行する人であれ、誰しも誰かの役に立ちたいと思っています。それが共通項です。新しい仕事をつくろうとする人は、しばしば反対の意見にも出会うことになるでしょう。しかし、いつでも共通項を見つけ、そこに焦点化していくことが重要だと思います。一見考えやアプローチは違うように見えても、共通項は必ずあるものです。そのような態度で接し続けていれば、こちらの話も聞いてくれるし、協力もしてくれるでしょう。

例えば、自分たちの取り組みを広く認知してもらうためにテレビや新聞などに掲載されることを望んだとします。それは自分のニーズであり、他者や社会側のニーズではありません。通常、自分のニーズを叶えたければお金を「払う」ことになります。自らの商品・サービスを多くの人に知らしめたければ広告費を支払う必要があります。基本的に報道は「依頼」されてなされるものではなく、報道機関に所属する記者の方が自主的に取材し、報道します。

今、報道として成り立つだけの理由、社会的な価値が必要です。それが提供できなければ報道されることはありません。ソリューションである自分たちの取り組みを押し出そうとするのではなく、それを通じて社会の何を解決したいのか、何が問題だと思っているのか、イシューそのものを強調する必要もあると思います。

どのようなステークホルダーであれ、相手を制御することはできません。できることは相手の立場・未来のニーズを考えて、ニーズにマッチすることを少しだけ先に行い、生み出して、置いておくことだと思います。要するに偶然を必然に近づけるための行動を最大化して、あとは待つということです。新しい仕事をつくる場合も、少しだけ先のニーズの高まりを見越して、社会のニーズが急激に高まるより前に先に生み出しておく必要があると思います。

「仕事をつくる」といえば、高度なスキルが必要に思えるかもしれません。本当にそうなのでしょうか。足りないスキルはチームをつくればいいし、わか

第1部　各領域で仕事をつくる

らないことは検索エンジンかAIがたいてい教えてくれますし、わかる人を探して、聞けばいいと思います。

　だから、どちらかというと、どんな困難があろうとも、それを成し遂げようとする意思を持続することの方が重要だと思います。

　そもそも私たちはなぜ仕事をつくり、仕事をするのでしょうか。対人支援の仕事だけでなく、世界にあるすべての仕事は誰かの痛みを和らげたり、幸せにしたり、社会の問題を解決したりすることで成立します。では、あなたは自分の仕事を通じて誰を幸せにしたいのでしょうか。

　著者の場合は、「死にたい」の膨大な検索履歴の向こう側にある若者たちの孤独な痛みを想像したことがきっかけでした。誰かの痛みに関心を持ち続け、想像し、それを少しでも解決するために自分にできる行動を起こしたこと。仲間をつくったこと。仕事がつくられたのは、その結果でした。

不安定さを逆手に、持続可能な働き方を模索する
──パラレルワークの可能性

特定非営利活動法人アソビノマド 代表理事 ● 鰐渕遊太

> 「心理職として生計を立てていくことは可能か。」
> 「心理職を軸に独立開業しても大丈夫か。」

　こうした質問は、心理職を目指す若者や心理職としてキャリアをスタートさせたばかりの方々からよく寄せられます。たしかに、心理職は不安定な職業だと感じることが多いでしょう。しかし、私はその「不安定さ」を逆手に取った新しいキャリアの積み方と働き方を提案したいと思います。

　私は元々、小学校の教員をしていましたが、現在は「公認心理師」を軸に、いくつかの役割を兼任しながら仕事をしています。ここでは、私自身のキャリアや働き方を紹介しながら、心理職としての新しい可能性を模索する上でのヒントやインスピレーションを提供できればと思っています。

1. 現在の役割

1.1. 法人経営

　私は特定非営利活動法人（NPO）の代表理事として、主に「福祉」「教育」に関わる事業を行なっています。私たちの経営理念は、「子どもと、その子どもを取り巻く大人たちに"心の遊び"を提供する」というものです。現代社会では、心に余裕を持つことが難しい環境に置かれている人たちが増えています。私たちは、置かれている「環境」の側に目を向けて、環境設定や環境の調整、いわゆる「場のチカラ」を効かせたサポートを心がけています。自分自身を含めた社会全体を視座高く俯瞰し、自ら心に余裕をつくることのできる人間を育むことを目指し、そのための場と機会を創出しています。

53

第1部　各領域で仕事をつくる

　具体的には、以下の2つの事業を展開しています。

（1）発達相談支援センター事業【CORONOAH："ココロのあそび"の略】

　主に、学校社会の中で、違和感や息苦しさを抱いている子どもたちが通ってきています。

　CORONOAHでは、「○○してみたい」という気持ちを安心して表出できるように、子どもたちの心の中に"安心"を貯めていくという視点を大切にしています。そのために、一緒に"遊び"を面白がれる「メンター（担当）」を配置して、子ども発信の"遊び"や"学び"を深掘りしたり、興味の幅を広げたりと、イマを愉しむ空間を大事にしています。

（2）サテライトスクール事業【MINANOHA："みんなのはなれ"の略】

　MINANOHAは、平日の午前中から開いているので、主に学校に行っていない子どもたちが通ってきています。いわゆる、"不登校"と言われている状態の子どもたちですね。今の日本社会では、学校に行っていない子どもたちのことを"不登校"と一括りにして、負のイメージに固定観念化している印象があります。しかし、令和の"不登校"は少し違ってきています。学校社会の理不尽なトコロや、矛盾しているトコロに気づいてしまって、辟易している子どもたちも多いです。それが大人社会の"職場"だったら転職を考えたり、働き方を見直したりすると思います。でも、子どもたちにそんな権利は存在しません。そこが子どもたちのつらいトコロです。

　"学校との違和"や"不登校"は、誰にとっても幸せではなく、誰が悪いわけでもない。当たり前となっている社会構造の中でもがき苦しんだその皺寄せが、子どもたちに出てしまっている状態だと私たちは思っています。そして、その代償を子どもたちが支払い、心に傷を負ってしまっているケースも少なくありません。そこで私たちは、その「社会構造」に子どもたちを矯正しようとする従来の"教育"や"療育"とは少し違った角度からのサポートに徹しています。子どもたちが本来持ち合わせているはずの知的好奇心や探究心、「子どもらしさ」「自分らしさ」を思う存分解放できるよう、子どもの「つぶやき」から始まる"遊び""学び"を何よりも重視しています。

54

1.2. 福祉×心理職：多機能型事業所での心理的支援

　主に、「学校」に対して不安や疑問を抱いている子どもたちや保護者の方々に対しての心理的サポートを行っています。どのように「学校」と付き合っていくか。また、子どもが置かれている環境をどのように調整していくか。苦手を克服しようとするアプローチではなく、いかにして、自分のチカラを発揮しながら、場と人を選び生きていくか。そんな「作戦会議」を行っています。

1.3. 教育×心理職

　教育相談や特別支援教育の専門家として、学校現場に派遣されています。

(1) 教育相談スーパーバイザー（私立）

　子どもたちの様子や学校の雰囲気を感じ取りながら、最適なサポートを模索する役割を担っています。必要に応じて授業や休み時間の様子を見て、ケース会議や保護者面談へも同席するなど、児童生徒が生活しやすい、学びやすい環境を教育相談部の一員として模索しています。

(2) 巡回相談心理士（公立）

　東京都内の特別支援教室で巡回相談心理士として活動しています。子どもたちが過ごしやすい環境を整えるためのケース会議や校内委員会に同席し、「社会的障壁の除去」をテーマに合理的配慮の提供に向けた助言等を行っています。

(3) 特別支援教育マネジメントチーム（教育センター）

　教育センターからの専門職（公認心理師）として、市内の公立学校を担当しています。学校として対応に苦慮しているケースを挙げてもらい、そのケースの「突破口」を探る役割で派遣されています。そこでも、学校の様子を見て、担任や学年の先生方、対象児童生徒に関わりのある職員の方々とケースカンファレンスを行い、最適解の糸口を模索しています。

1.4. 大学教員、講演活動

　教育現場を知る公認心理師として、「不登校」や「発達障害」をキーワードに話をしてほしいというオファーが増えてきました。私自身、人前でお話す

第1部　各領域で仕事をつくる

ることは苦手な分野ですが、思考を言語化するいい機会と捉えて、挑戦しています。そして、学生たちと一緒にアートイベントを企画し、子どもたちやその親御さんと共に愉しむ機会を提供しています。

2. 開業の背景

私が起業のきっかけとなったターニングポイントを3つ紹介します。

2.1. 「不登校」との出会い

私の活動に大きな影響を与えたのは、「不登校」との出会いです。大学時代、地域の子どもたち向けの野球教室を開催した際に、学校に通っていない子どもたちと出会いました。野球をしながら子どもたちと話をしていると、学校に通っていなかったり、チームに入っていなかったりする子どもが多いことに気づきました。そこで初めて「不登校」という言葉を耳にしたことを思い出します。また、インターンでライブハウスを巡った際も、「不登校だった。」という話を多く耳にしました。この「不登校」という現象は一体何なのかと強く興味を持ち、後に不登校特例校（不登校児童生徒の実態に配慮して特別に編成された教育課程に基づく教育を行う学校。現：学びの多様化学校）で働くことになりました。

その不登校特例校では、さまざまな経緯や背景から不登校になった子どもや親御さんと接し、社会に対する絶望や孤立、人間不信に苦しむ姿を目の当たりにしました。この経験から、子どもたちがこうした苦しみを経験する前に何かできることはないのかと考えるようになり、小学校教員と心理の道を模索し始めました。

2.2. 初任校での挫折

不登校との出会いから、小学校教員としてのキャリアをスタートさせた私ですが、最初の学校ではいくつかの壁にぶつかりました。5月の半ばには、先輩教員から「王道も知らないで、邪道気取ってんじゃねー」と言われ、これが思いの外大きなショックとなりました。その言葉は、当時の私に深く突き刺さり、自分の個性や信念を押し殺してでも、いわゆる学校の先生の「王道」を吸

収することを選びました。

　……しかし、その「擬態」も長くは続きませんでした。自分の気持ちに余裕がなくなり、結果的に子どもたちを怒鳴ってしまった自分がいました。その後悔と、同僚たちからの目を恐れる日々が続き、ついには精神的に追い詰められ、自らも「不登校」状態になりました。

　この経験を通じて学んだのは、人間は思っている以上に繊細かつ脆く、心が限界に達するとすべてをネガティブに受け取り、視野が狭くなってしまうということでした。だからこそ、「心の余裕」や「遊び（余白）」が何よりも大切だと強く心に刻まれました。この教訓を胸に、まずは教科書的な知識を入れるため、心理学を学び直すことにしました。

　自らが「不登校」状態を経験したことで、不登校の子どもたちに対する理解と共感がさらに深まりました。どう考えても問題は学校で起きている。そう確信した私は、少なくとも10年間は学校文化に触れてみようと決心し、学校現場に戻ることにしました。

2.3. リスタート

　学校現場に戻った私は、「想い」や「妄想」を言語化する作業を始めました。すると、職員室内でも共感してくれる先生方が現れ、正直驚きました。「先生たちも、今の学校システムの中で踠いているんだ」と感じると、一気に妄想が広がり、共鳴する仲間も増えていきました。

　すると学校外でも、さまざまな職種や属性の方々との出会いが広がり、妄想の具現化に向けた"壁打ち（アイディアの出し合い）"が私のライフワークとなっていきました。こうして、妄想が具体的なイメージとして鮮明になるにつれ、独立する決心が固まり、現在のキャリアにつながっています。

● 3. 起業までの道のり

3.1. 創業計画書

(1)「妄想」を創業計画書に落とし込む作業
　私の頭の中に浮かんでいたアイディアや「妄想」を具体的なビジネスプラン

第1部　各領域で仕事をつくる

にすることは、起業への第一歩でした。思い描いていた子どもたちへの支援や心理的ケアのカタチを現実にするために、創業計画書にそのビジョンを落とし込みました。これによって、曖昧だった夢や理想が明確な目標となり、実現可能な道筋が見えてきました。

（2）自治体と信用金庫のサポート

　起業を現実的にするために、自治体と信用金庫が主催していた「創業塾」に参加しました。ここでは、ビジネスプランを策定するための具体的なサポートを受け、創業計画書を完成させることができました。この過程で、専門家からのアドバイスを受けながら、事業の方向性を明確にし、将来に向けての基盤をつくることができました。

（3）信用金庫からの融資と信頼の積み重ね

　創業に必要な資金は、地域の信用金庫からの融資で賄いました。計画的に融資を受け、きちんと返済することで、信用を積み重ねていくことができる。その大切さを知りました。この信頼関係は、事業を拡大していく上で非常に重要な要素となっています。金融機関との良好な関係を築くことで、資金面の安定を確保し、事業を持続させることができています。

（4）仲間との出会い

　起業までの道のりで、同じ志を持つ仲間との出会いが大きな力となりました。これまでの経験やビジョンを共有できる仲間がいることで、アイディアを現実にするためのエネルギーを維持できました。彼らとの対話やブレインストーミングを通じて、事業の具体的な方向性がよりクリアになり、運営体制も整いました。

（5）「妄想」をカタチにしていく

　これまで描いていた「妄想」を現実に落とし込む作業は、単にビジネスプランを作成するだけではありませんでした。現場で子どもたちと関わり合いながら、理想と現実のギャップを埋めていく過程が必要でした。計画を進める中で、現場の声を反映させ、常に改善を重ねていくことが、より良い支援を提供するための重要なステップとなっています。

3.2. 仕組み

　私たちの事業の仕組みは、地域社会との連携を基盤にしています。事業開始に向けて、まずは市の教育センターと発達支援室（障害福祉課）と共に、「教育×福祉×民間」が協働する支援チームをつくりました。そこで、学校や幼稚園、保育園など、子どもたちをサポートしている地域の方に、私たちの「想い」を知ってもらうところから始めました。

　そして、指定事業である「児童発達支援」「放課後等デイサービス」を活用し、経済的な理由で療育や心理支援にアクセスできない家庭に対しても、手の届く価格で良質なサービスを提供できるよう工夫をしました。

3.3. 仕事の現実

　心理職の仕事の現実は、決して容易なものではありません。ここでは、いくつかの課題について触れておきます。

(1) 引き出しの数が試される

　現在、悩み事や困ったことがあると、すぐにインターネットで検索することができます。それは、すぐにさまざまな情報に触れることができるといったポジティブな側面がある一方で、情報の取り扱い方、取捨選択の難しさがあります。気持ちに余裕が無い状況で、あまたの情報に触れると、どうしてもネガティブな情報に左右され、より不安に苛まれることがあります。不安ゆえに半ば強迫的に情報収集を進めているケースも少なくありません。そんなクライエントに対して、有益な情報や気づきを与えるためには、心理職の「引き出しの数」が試されます。ありきたりなアドバイスやコメントに終始するカタチだとクライエントは去っていきます。クライエントに寄り添う伴走者としての心理職を目指すのであれば、「この人に話してよかった」と思ってもらえるようなラポールを基盤に、現状を打破する突破口を一緒に探っていく、その姿勢が大切です。

(2) 経済的な理由で心理職につながれない

　心理的なケアやサポートが求められる日本社会において、経済的な理由で心理職にアクセスできないケースが少なくありません。ただ一方で、どのように

第1部　各領域で仕事をつくる

心をマネタイズ（収益化）するのかも非常に難しい問題です。経営的な視点での「お金の現実」と「心の余裕を提供する（理念）」の双方を考えると大きなジレンマがあります。

だからこそ、いくつかの仕事を組み合わせることで、心理職としてのキャリアを安定させることが推奨されます。

これが、私がパラレルワークを提案する1つの理由です。多様な収入源を確保しながら、心のケアに専念できる環境をつくることが、心理職としての持続可能な働き方を支える重要な要素だと思います。

これは非常に大きな課題であり、心理職の仕事を進める上で避けて通れない現実です。

心理職として活動していると、私たちが求める「余白」ではなく、どうしても「空白」や「隙間」を感じる場面が多々あります。クライエントとの対話においても、すべてを一度に埋めることはできず、その「隙間」をどのように扱うかが、私たちの大きな課題となります。この隙間にどんなメッセージを込めるか、言葉選びや声色、話し方にまで意識を向けて発信することが大切です。自身の周りに「どんな空気を纏わせるか」を常に意識することで、"棘"のないアプローチが可能になります。そのためのベースづくりとして「自己管理（セルフメンテナンス）」は心理職として不可欠です。

3.4.　プロフェッショナルとしての成長と自己管理

長期的に心理職としてキャリアを維持するためには、自己管理とメンタルヘルスの維持が欠かせません。心理職は、クライエントの絡まった心を解いていく、繊細な作業が求められるお仕事です。そのためには自分自身の心の動きにも目を向けて、意識的にメンテナンスすることが大切です。ここでは、私が実践している自己管理の方法をいくつかご紹介します。

（1）クライエントのための自己管理

「休息（休養）」が仕事の一部であると強く認識することが大切です。目の前のクライエントのために、まずは自分自身の心に余裕を持たせることが何よりも必要です。休息（消極的休養）はもちろん、旅行やスポーツなど積極的な休養もお勧めです。色々な人間や職業、文化に触れさせることで、自分をリフ

レッシュさせることができ、新たな視点を得ることができます

　また、自分を好きになるための作業、つまり自己肯定感を高めるためのアプローチも欠かせません。心理職としての成長は、自己理解と自己管理の積み重ねの中にあります。

(2) 自己満足の美容

　自分を大切にするためには、外見を整えることも大切です。ポイントは、あくまでも「自己満足」の美容。周りにどう見られるか以上に、自分の気分が上がるかどうか。例えば、定期的に美容院に通ったり、スキンケア、脱毛、ネイル、筋トレなどを通じて、自分の外見に気を使うことは、心の健康にも良い影響を与えます。自分自身を大切にすることが、クライエントへの良い影響に直結すると考えています。

(3) ココロに "凪" をつくる作業

　心理職としての業務は非常にストレスフルです。時に心がザワザワして、トゲトゲしくなることもあるでしょう。それは、クライエントや同僚にも伝播します。そのため、意識的に心をニュートラルに入れる作業がとても大切です。

　ポイントは、目を瞑って頭の中に "凪" をイメージすること。そして、深く息を吸って、細く長く息を吐くこと。私が行っている具体的な方法としては、サウナ、ハンモック、ヘッドスパなどがあります。これらの方法を通じて、自分自身のメンタルを整えています。

(4) リフレーミングの習慣化

　「自動的（反射的）にリフレーミングが作動する思考回路」の定着を目指して、日常的、かつ意識的にリフレーミングを行い "習慣化" してしまうことは、非常にお勧めです。

　リフレーミングとは、物事を異なる角度から見つめ直し、新たな意味を見つけることです。

　「わっ！　こんな考えもあるのか。」といった "目から鱗のアハ体験" を、いかにしてクライエントに提供できるか。多角的な視点から物事を見直すスキルは心理職としての大きな武器です。それが、心理職の専門性だと思っています。また、新しい仕事を見出すにも、大切なスキルだと思っています。社会を否定、批判するだけでなく、「あったらいいな」の視点で、仕事を創っていま

第 1 部　　各領域で仕事をつくる

す。

3.5.　仕事をつくる際に重要となるポイント

　仕事をつくる際には、いくつかの重要なポイントがあります。

(1)　小さく始めること

　法人化する際も、まずは手の届く、目の届く範囲内で、自分が納得できる活動を小さく、できるだけ小さく展開することが大切です。ここで知っておきたいのは、必ずしも売り上げや収益を上げる必要はないということです。お金は動かさず、ボランティアベースのイベントから試してみるのも 1 つの方法です。ニーズはあるか。マネタイズできるのか。持続可能か。実際に市場を調査することができるのでお勧めです。

　「すべての人を幸せに」といった大きな目標を掲げることは素晴らしいですが、あまりに大風呂敷を広げすぎると、イメージの解像度が低くなり、結果として実現が難しくなることがあります。

(2)　人間関係の断捨離

　自分 1 人では何もできませんが、ドリームキラー（自分の夢を否定する人）と一緒にいても前には進みません。相手にとっても win-win な関係にはなり得ないので、仕事をつくる際には不毛な時間を避けることが重要です。私は「想い（妄想）」を言語化した上での"対話"が建設的か否か、波長が合うか合わないかを基準に、人間関係を見直すようにしています。

(3)　仲間とのブレインストーミング

　言語化することで、アイディアの解像度が上がります。どのような言葉を使えば想いが伝わりやすいかを仲間と共に壁打ちすることで、より具体的なプランを立てることができます。また、一人ひとり文化が違うと捉えた上での「異文化コミュニケーション」の中で、どのようにすれば実現できるか、可能性を模索し続けることも重要です。

不安定さを逆手に、持続可能な働き方を模索する

4. 読者へのメッセージ

4.1. あくまでも小さく始めることが大切

心理職としてのキャリアをスタートする際は、できる限り小さな一歩から始めることをお勧めします。たとえボランティアであっても、自分の信念や目標に基づいた活動を始めることで、徐々にその輪が広がっていくでしょう。社会の変化やニーズに柔軟に対応しながら、自分自身のキャリアを少しずつ大きく育てていくことが、長期的に成功するための秘訣です。

4.2. 自己管理を忘れない

最後に、どんなに忙しくても、自己管理を忘れないようにしてください。心の健康を保つことが、クライエントに対する最高のサービスを提供するための基盤となります。自分を大切にし、心に余裕を持つことで、仕事に対する情熱ややりがいを持ち続けることができるでしょう。

ギャンブル依存症当事者・家族の支援の仕組みをつくる

ギャンブル依存症問題を考える会 代表 ● 田中紀子

1. はじめに

　最初に、末木先生から執筆依頼を頂いたときに、「私、稼いでないし、活動は果たして仕事なのか？」という思いがあり、「企画の主旨にあっていないのでは？」とお問い合わせをしました。しかし末木先生から「ユニークな取り組みを紹介したい」とコメントを頂き、それならとお引き受けいたしました。

　私たちの取り組みはギャンブル依存症という逆境にありながら、「それでも仲間を助けていこう！」というピアサポートの情熱だけでさまざまな取り組みを生み出しています。

　孤立無援だった私たちがなぜこんな風にはつらつと活動に取り組めるのか？それは依存症からの回復プログラム「12ステッププログラム」による力が大きいと思います。12ステップの詳しい説明をしていると書き切れませんので、簡単にまとめておきますが、依存症は依存が止まってからどう生きるか？が肝心でつまりは生き方の問題です。止めればよいってものじゃありません。生き方が下手くそだったから、ストレス過多で、人間関係が難しくて、それでもなんとか社会に適応しようと、何かに依存しながら心の痛みに対処してきました。ですから回復とは、生き方を変えることなのです。では、どう生き方を変えていくのか。ゴールはシンプルです。「自分の考えをすべてだと思わず、どんな人も受け入れながら、自分がまだ回復途上にある人の手助けをしていく。」これが12ステッププログラムが目指す生き方です。12ステップは精神論でも気休めでもありません。行動のプログラムです。ですから私たちは「仲間を助けることで、自分が助かる」という共通の理念を持ち、それに基づき一人一人が行動し続けているので、なんとなくうまくまとまっている団体なのです。

ギャンブル依存症当事者・家族の支援の仕組みをつくる

2. 団体の社会的背景

　ギャンブル依存症だけに限らず、依存症問題すべてに言えることですが、日本ではまだまだ依存症は「だらしのない、意志の弱い人間が陥る問題で自業自得。」こう思っている人々がほとんどです。ですから、我々が一般社会に応援を求め、クラウドファンディングや署名活動などをやってもほとんど集まりません。協力してくれるのは結局ギャンブル依存症の問題を抱える家族と当事者、そして少しばかりの支援者という状況です。

　では、国はどうでしょうか。こちらも口では「ギャンブル依存症対策をしっかりやる」と議員も官僚も言ってくださいます。特にカジノ法案を通過させるときには同時に「ギャンブル等依存症対策基本法」も成立させることができました。これで少しは変わるかもと期待もしましたが、実際にはまったく対策が進んでいないことは皆さまもご存知の通りです。

　ではなぜ依存症対策は進まないのでしょうか。それは依存症には他の精神疾患と違い、原因となる産業があるからです。アルコール、処方薬・市販薬、ギャンブル、ゲームどれも巨大産業であり、さらにはそれら産業を取り巻く企業や商店なども無数にあります。ちなみに当会（公益社団法人 ギャンブル依存症問題を考える会）の調べでは、令和5年度のぱちんこも含めた合法ギャンブルの売り上げは、22兆7056億円にものぼります（表1）。さらに違法オンラ

表1　令和5年度におけるぱちんこを含めた合法
　　　ギャンブルの売り上げ

ギャンブルの種類	総売上高
中央競馬	3兆2964億円
地方競馬	1兆0889億円
競艇	2兆4220億円
競輪	1兆1892億円
オートレース	1091億円
ぱちんこ	14兆6000億円
合計	22兆7056億円

出典：公営競技については令和5年度の事業報告書に基づいて作成。また、ぱちんこは『レジャー白書2023―余暇の現状と産業・市場の動向―（公益財団法人 日本生産性本部）』より作成。

第1部　　各領域で仕事をつくる

インカジノの売り上げは令和5年度には77億米ドルにも及ぶと報道されています（IMARC, 2024）。

それに対し、依存症対策費はアルコール、薬物、ギャンブルをあわせてたったの8.7億円です（表2）。しかも依存症啓発費はわずか5000万円です。これでは依存症の正しい知識や啓発など広まるわけがありません。

売り上げがあがれば儲かる人たち、喜ぶ人たちがいる。そしてそれは既得権となり手放せなくなっていきます。売り上げをキープするためには、リスクをわかっていても、見て見ぬ振りをしていく。これがギャンブル依存症を生み出す企業の倫理です。実際、射幸心はどんどんあがり、リスクの高い賭け方が次々と作られ、参入したアプリ会社により、今やクレジットカードどころか、

表2　依存症対策の推進にかかる令和5年度予算

①地域における依存症の支援体制の整備 ……………………………………………… 5.3億円
　都道府県・指定都市等において、人材育成や医療体制及び相談体制の整備を推進するとともに、地域の関係機関が参画する包括的な連携協力体制の構築、専門医療機関や治療拠点機関等との連携体制の構築など、地域の医療・相談支援体制の整備を推進する。

②依存症民間団体支援 ……………………………………………………………… 3900万円
　依存症者や家族等を対象とした相談支援や普及啓発等に全国規模で取り組む民間団体を支援する。

③全国拠点機関における依存症医療・支援体制の整備 ……………………………… 5300万円
　依存症対策全国拠点機関（久里浜医療センター）において、アルコール、薬物、ギャンブル等に対応した相談・治療等についてオンライン等を活用した指導者の養成や情報発信等を行い、依存症治療・支援体制の整備を推進する。

④依存症に関する調査研究の実施 ……………………………………………………… 1.7億円
　依存症の実態解明等に関する調査研究に加え、ギャンブル等依存症対策推進基本計画に基づく、精神保健医療分野におけるギャンブル等依存症の実態把握や、ゲーム障害に関する知見の集積を図るなどのため、必要な調査研究を実施する。

⑤依存症に関する普及啓発の実施 …………………………………………………… 5000万円
　依存症者や家族等が地域の治療や支援につながるよう、依存症に関する正しい知識と理解を広めるためにオンライン等を活用して普及啓発を実施する。

⑥アルコール・薬物・ギャンブル等の民間団体支援 ……………… 地域生活支援事業等の内数
　地域で依存症関連問題に取り組む民間団体の支援を行う。

出典：厚生労働省 依存症対策の推進にかかる令和5年度予算より

電子決済、さらにはカードのポイントでギャンブル始めることができる時代になってしまいました。

　つまり我が国では、ギャンブルを管理監督する省庁が産業振興というアクセルと、依存症対策というブレーキの両方を握っているため、アクセルばかりが全開になってブレーキが効かない状況になっているのです。

　こんな状況で、産業側に忖度なく依存症対策を推し進めようとする民間団体の支援など進むわけがありません。令和5年度では民間団体の助成金は総額でわずか3900万円。これをアルコール、薬物、ギャンブルに関わる10団体程度で分け合っています。

● 3. 国がやらないなら我々がやる

　私たちは、こうした背景を変えようと団体立ち上げからの10年間、クラウドファンディングなどの一般寄付や国からの助成金などを何度も求め、交渉し、時には国会議員にお願いし議会で質問もしていただきました。けれども国の答えは「しっかりやる」という気合いだけ。この状況に疲れ果て、さらにはまともにとりあってもらえないことで自尊心がどんどん吸い取られていくような気がしました。

　「これじゃあダメだ。相手が変わらないなら、自分たちが変わろう。」私たちは原点に立ち返り、自分たちでできることを増やそうと組織を強化していくことにしました。そのためには、まずは活動資金作りです。

　最初4〜5年間の当会は、私の講演料や執筆料および仲間たちの寄付など不定期に入るわずかな収入で細々と活動していました。予算は年間1000万円程度で、事務所の家賃や光熱費、コピー機リース代を払うのがやっとという状況でした。「いつかは誰かが助けてくれる」、そんな気持ちでいたと思います。

　しかしカジノ法案通過後に何もやらなかった国にはもう期待できないと腹をくくり、「国がやらないなら我々がやるしかない」と、土台作りのために、マンスリー会員制度を導入しました。これは1000円以上の月会費で会員に活動を支えてもらうものです。「ギャンブル依存症対策に国は本腰を入れないことははっきりした。我々でやっていこう。」こう呼びかけると、およそ1500人の当事者・家族および少数の依存症支援者が会員になってくれました。寄付の他

第 1 部　各領域で仕事をつくる

には、講演や執筆、回復施設のコンサル、企業研修などの収入を得ています。

　こうして私たちは、経済的基盤を整え、自分たちのアイディアの実現に向けて走り出すことになりました。以下に、当会が行った特徴的な活動を示します。

3.1.　エンタメ制作

　ギャンブル依存症は何が一番問題かといえば「正しい知識が知られていないこと」です。特にご家族がギャンブルによる借金の尻拭いをしないということは、非常に重要な本人への介入のためのファクターなのですが、これを知らずにみなさん尻拭いを繰り返し、当事者の病気を悪化させ、時には家族だけでなく親類縁者、友人知人まで、金銭的負担から貧困に陥ってしまうことがあります。こういった悲劇をなくしていくためには、とにかく啓発が大事なのですが、啓発費がないとなると面白いモノを作って、興味のない人にも目を留めてもらうしかありません。

　幸いにも当会には高知東生さんをはじめ薬物依存症の芸能人の仲間たちが、依存症問題を啓発したいと応援団として集まってくださっています。「たかりこチャンネル」という YouTube 番組を作り、高知東生さんと私を MC にして依存症の当事者や家族の仲間をゲストに招いて体験談を語ってもらったり、ショートドラマを作ったりなどしています。登録者数は 2.2 万人とまだまだ少ないですが、徐々に「YouTube ドラマを見た」「たかりこチャンネルを見てうちのことだと気がついた」と言って、相談に来てくださる方が増えてきました。

　そして本年は『アディクトを待ちながら』という映画を公開しました。公開してみると、依存症にはまったく興味のなかった普通の映画ファンや、エンタメ好きの方々が観に来てくださり、X（Twitter）でも「依存症の人の苦しみがわかった」「依存症のことが理解できた」という感想を数多く頂きました。

　こういったエンタメ作品による啓発、しかもヒットするものを今後も制作し、依存症啓発を行っていこうと思っています。

3.2. 家族会との連携・当事者支援部の立ち上げ

こうしてエンタメの力を借りて啓発に力を入れていると、当然のごとく現在依存症問題で困っている当事者や家族がつながってきます。依存症からの回復というのは前述した通り「同じ依存症問題を抱えた仲間を助ける側に回る」という、ピアサポートによるエンパワメントが非常に重要です。ところが当事者や家族たちが実践している 12 ステッププログラムというのは、医療者や支援者はやったことがないためなかなかその本質まで理解ができません。そのため国、各地方自治体、一部医療関係者の中には我々のような団体を「支援が必要な患者であり、かわいそうな弱い人たち」という立ち位置で見ていて、新しく医療や行政につながった仲間たちを、いつまでたっても囲い込み、同じようなテキストブックを何度もやらせ、私たちとは連携してくれません。挙げ句の果てには「支援が必要な人たちに、助成してやらなきゃならない」と言わんばかりの上から目線な態度をとられます。

これには我々は憤慨しており、そもそも本来国がやるべきことを助けているのは我々であると、まず回復者が活躍できる場を自分たちで作り、当事者たちのエンパワメントを見せていこうと考えました。

こうして 2014 年に当会が立ち上がった際には、各地でセミナーなどを行い、家族支援から行いました。家族たちに借金の尻拭いを止めさせ、とにかく家族の安全を確保します。しかしそれには、地域社会できめ細かく関係機関と連携し、継続支援をしていく必要がありました。そこで各県で共依存から回復している家族が、つながってきた家族の伴走支援を行うために、2017 年に「NPO 法人全国ギャンブル依存症家族の会」(以下、家族会)を立ち上げました。

家族会は各地で啓発セミナーや相談会を行うことはもちろんのこと、各自治体に働きかけを行い、例えば当事者からお金をせびられ続けている高齢の親御さんをシェルターに避難させたり、児童手当をギャンブルに使われてしまっている妻がいれば行政に掛け合い振込口座を変更させたり(これが信じられないくらい融通がきかず苦労するのです)、また夫のギャンブルによる借金で家計が回っていないのに、妻が働いていない、もしくはパート収入程度しかないといった場合には、保育園探しや、就職活動も手伝います。

第 1 部　　各領域で仕事をつくる

　もちろんギャンブラーである当事者への対応や家計や財産の守り方なども、いつでもどこでも助言できるよう LINE グループをフル活用して質問に答えています。

　危険がある場合には警察と連携し、家から避難する際には、家族会の仲間が車を出して時には夜逃げの手助けすることもあります。

　こうして当会は家族会と連携し、「どういう方針で行くか？」という司令塔のような役割を担うだけにしていきました。

　そして家族たちがエンパワメントされ正しい対応をしてくると、当然ですがギャンブル依存症の当事者たちが支援を求めてつながってくるようになりました。そこで 2021 年に立ち上げたのが当会の「当事者支援部」で、家族支援は家族会、当会は当事者支援という役割を明確に分けることにしました。

　当事者支援部は電話相談から始まり、地元の自助グループへの参加を促すほか、Zoom による当事者同士の自助グループを日曜日の朝晩 2 回開催、さらに月 1 回の Zoom による相談会開催などを行っていますが、当事者支援部ができたことで、回復者を格段に増やすことができたのは、何と言ってもプレッシャーリリーフミーティングの実施です。

　これは当事者と家族、またそのサポーター役に当事者支援部と家族会からそれぞれ参加してもらい、ギャンブル依存症者と配偶者のために借金返済計画と家計の見直しを行うというものです。

　ギャンブル依存症者は借金について嘘をつくという症状があります。罪悪感から借金を過少申告してしまうというのが常です。そして辻褄が合わなくなり、「借金を返すために金を作らねば」と考えて再びギャンブルをしてしまう、こんなことを繰り返してしまいます。この思考回路は当事者でないと理解できないでしょう。もちろん回復すれば「ギャンブルに勝って借金をすべて返すなんて非現実的だ」と良くわかります、けれども依存症の真っ最中にいると、ギャンブルのことしか考えられず、解決策もギャンブルに求めてしまう、視野狭窄が起こるのです。

　そこで当事者支援部は、当事者同士ざっくばらんに借金についてあらかじめ聞き取っておくようにしました。家族に言えなかった秘密の借金も、当事者同士だと話ができる、「共感」という大きな武器を使っていきます。

ギャンブル依存症当事者・家族の支援の仕組みをつくる

　こうしてすべての借金問題を明らかにした上で、配偶者には家計を洗い出してもらい、「回復のための自助グループや活動にかかる費用」「金融機関への借金返済」「家族や友人知人への借金返済」「自助グループに通うためのベビーシッター代」など、経済再建と回復のために必要なことをすべて話し合います。

　そして、完全に家計が赤字で回らない場合は、収入を上げるための転職活動を、当事者たちにまかせるのではなく、ピアサポーターたちのコネを駆使して行っていきます。私も屋根職人だった仲間が20万円程度の給与しか貰っていなかったことから、建築関係の社長に頼み額面40万円の会社に転職させてもらったことがあります。当事者の妻が転職する場合は、人材派遣会社に勤務する仲間から、履歴書の書き方、面接のコツなどすべてレクチャーしています。

　それでも地方などで給料の安い仕事しかない場合は、当会のセミナーで保育を担当してもらい謝金を払ったり、手芸、手作りお菓子、絵画などその人のスキルにあわせて作品を作ってもらったりして、それを仲間内で買って当面の場をしのいでいます。

　10万円から20万円くらいの臨時収入があれば「弁護士費用の着手金が作れて借金が片付けられ生活が回るようになる」とか「安い公営団地に引っ越しができる」などと解決策が見つかる家庭が実はたくさんあるのです。

　この取り組みは飛躍的に回復者を増やしました。ギャンブル依存症者の回復のためには、回復していくために嘘をつかなくても、無茶な働き方をしなくても、経済が回る状況にするということが非常に重要なのだとあらためて気づかされました。

　さらに回復した当事者を、今度は各地の家族会からゲストスピーカーとして呼んでもらうようにして、彼らの活躍の場を作りました。今では、当事者・家族と共に回復者たちは、日本中の家族会を飛び回っています。

　1989年に立ち上がったギャンブルの自助グループは35年の歴史がありますが、メンバーは当事者・家族それぞれ1500人程度しかいませんでした。ところが2021年に当事者支援部が立ち上がってから、当会につながり続けている当事者メンバーは688名にものぼります。2017年に創設された家族会メンバーは1334名です（いずれも2024年9月現在）。そして当会および家族会メン

71

バーは全員が地域の自助グループにも参加するように呼びかけていますので、地域連携にも大きく貢献しました。

3.3. ギャンブル版ハームリダクションの実施

さて啓発活動や助けを求めてきた当事者家族の支援を、さまざまに工夫し強化してきた我々ですが、そうなると今度は「回復する気はあまりないが、自傷他害の恐れが強い」という人たちがつながってくるようになりました。これまでなら「本人にやる気がないから無理よね」と切り捨てるしかなかった人たちです。こういう人たちは病院もなかなか引き受けませんし、回復施設も続かず、行き場がありませんでした。けれども現在はギャンブル依存症者の若年化に伴い、闇金から闇バイトへと、犯罪につながる事例が非常に増えています（図2）。

これは由々しき事態であり、ギャンブル依存症者である仲間の人生を守るためにも、また社会の治安を守るためにも、なんとかしなくてはならないと考えたのが「ギャンブル版ハームリダクション」です。

ハームリダクションとは、危害（ハーム）を減少すること（リダクション）です。元々依存症問題では、薬物依存症の人びとの支援から始まったもので、

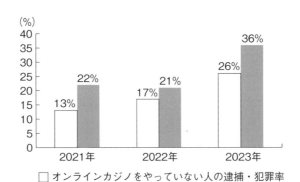

図2　当会の対面相談を利用した人の逮捕・犯罪率
2021年までは逮捕の有無でカウント。2022年からは逮捕の有無は不問で犯罪をしたかどうかの自己申告でカウント。当会で対面相談に来られたご家族へのアンケート調査より。2021年 $n = 212$、2022年 $n = 396$、2023年 $n = 479$。

「薬物がやめられなくても HIV への感染は避けよう」と、新しい注射針を配るなどの取り組みが欧米で始まったことから、この言葉が広まりました。ギャンブルにこのハームリダクションを取り入れるなら、「お金のために自殺、もしくは犯罪をしない」ということになります。

そして私たちはプレッシャーリリーフミーティングでも、金銭問題が解決に向かうと回復が安定するという実感を持っていました。そこで所持金が数百円となってしまっているギャンブル依存症者には、1日1000円程度の現金支給を10日間行うという取り組みを開始しました。返金も必要ないし、食費など生き延びるために使ってもらい、10日間の間に生活保護やなんらかの支援につなげます。仕事をしている人であれば、10日間にこだわらず次の給与までのあいだ1000円ずつ支援をします。また、住居を失ってしまった人には、アパートが確保できるまでネットカフェやカプセルホテル代も支給します。ハームリダクションでは回復を条件にするわけではありませんが「ギャンブルをやめたい」と思っている人には、自助グループに参加するための交通費も支給します。

これらの費用はすべて返金を求めません。原資は当会メンバーの寄付によって賄っていきます。これは手間とお金がかかる大変な事業となりましたが、この事業も嬉しい誤算がありました。

関わっているうちに、なぜかほとんどの人が回復していってしまうのです。最初のうちはお金を貰っていなくなってしまうこともあります。しかし再三困ってつながってくると、そのうち「ギャンブルをやめたい」となって、自助グループに一緒に行きたいと言い出してくれるのです。スリップしてお金がなくなるとなぜか泣きながら「ごめんなさい。ごめんなさい」と電話してくる人もいます。「謝ることないよ。いつでも頼って！」と言っているうちになぜか仲良くなってしまい、活動を共にすることになっています。

ギャンブル依存症者は家族には、数百万円、数千万円と迷惑をかけ、それでも回復しませんが、なぜか他人の数千円には非常に恩義を感じ、それに報いようと思うのです。

結果として、彼らが回復し金銭問題を解決し、再び納税者となり、当会の寄付者側に回ってくれるようになれば、当事者、当会、社会のすべてが Win-

第1部　各領域で仕事をつくる

Win の関係になれます。

3.4.　広告なし！　ネットメディア「Addiction Report」の創設

　こうして啓発に力を入れ、仲間が集まってくることは喜びでもありますが、どんどん依存症者が産み出されてしまう社会には歯止めをかけなければなりません。

　最初に書きましたが「依存症問題＝消費者問題」でもあり、依存症は依存症を生み出す産業との闘いでもあるのです。我々は「依存症産業をぶっ潰せ！」などと非現実的なことを言っているわけではありません。依存症者が生まれないよう、広告規制や、射幸心の高い賭け方、行きすぎた便利さを提供しないでほしいと呼びかけているのです。ですが話し合いはなかなか実現しません。マスコミを通じ問題提起を継続的にやっていきたいのですが、アルコール、製薬会社、ギャンブル産業、これらはメディアにとって大口のスポンサーです。もちろんこれまでもマスコミには依存症問題の啓発に協力はしていただいていますが、それでも核心に触れた追究は難しいことも実感してきました。

　そこで当会では依存症に特化した専門オンラインメディア「Addiction Report」を創設し、一切の広告をつけず原資はすべて自分たちで出すというメディアを立ち上げました。編集長には新聞社等で活躍してきたプロを口説き落とし任せることにしました。編集長のつながりからこれまたプロとして活躍しているライターに参画してもらうことができました。

　Addiction Report は、依存症を生み出す産業構造の核心、政治との関係を追究することはもちろんのこと、「依存症は回復できる」ことを伝えるべく、回復者の物語を次々と掲載しています。依存症者はダメ人間で救いようがなく、自業自得といったイメージを払拭し、「回復を支え合う社会」の実現に貢献したいと思っています。

4.　ろくな給料を貰わないようにしよう！

　最初は 30 人程度ではじめた当会と家族会は、前述した通りこの 10 年間でマンスリー会員と活動家が飛躍的に増えました。大体今は 2000 人のメンバーで支えあっています。ではなぜこうした広がりをみせているのでしょうか？

ギャンブル依存症当事者・家族の支援の仕組みをつくる

　会を立ち上げた当初の事務局メンバーとよく話すのですが、結局誰もろくな給与を貰わなかったことがよかったと思っています。

　この書籍のテーマは「こころを守る仕事をつくる」ですが、我々は仕事にせず、儲けず、ひたすら広がることを目標にしました。ですからその点ではまったく参考にならないかもしれませんし、もっとよいアイディアが浮かぶのかもしれません。

　会を立ち上げ、ほとんどの活動資金を代表である私が稼ぎ、会に還元していた時代には、事務局も仲間たちも私に「ちゃんと給料を貰ってほしい」と言ってくれました。ありがたいことだと思いましたが、事務局長と共に額面10万円だけ給与として貰うことにしました。「活動報告等に報酬がまったくない団体というのも対外的に信用されないよ」というアドバイスを貰ったからです。しかしそれ以上の分を2人とも寄付しているので、実質的に誰も給与を貰っていません。これはたまたま代表である私と、事務局長が稼ぎを家に入れなくても生活できる恵まれた環境にいたからできたことです。他のメンバーは、本業を持ち、そちらで収入を得て、活動に協力しています。局所的にアルバイト代を支給することもありますが、当会の人件費はYouTubeのゲストや編集者、Addiction Reportの編集長やライターといったアウトソーシングで成り立っている事業にお支払いする以外は、基本ボランティアでやっています。

　では、なぜボランティアなのに皆がこれほど一生懸命に、時間や労力、金銭を割いてまで活動ができるのか？　それこそが我々が回復した12ステップの神髄だからです。

　12ステップのテキスト本「アルコホーリクス・アノニマス」にはこう書かれています。

　　負うべき責任を回避してはならないが、彼を引き受けるについては、それなりのしっかりした確信がなくてはならない。誰かを助けることは、あなたの回復の基礎である。気が向いたときだけ親切な行為をするのではなく、必要ならば、苦しむ人に惜しみなく援助と同情を与えることを毎日続けなければならない。そのために幾晩も眠れなかったり、自分の楽しみごとを大幅に削られたり、仕事が中断されたりすることもあるだろう。あるいは金や住む場所を分け合っ

第1部　各領域で仕事をつくる

> たり、半狂乱の妻や親戚たちをなだめたり、警察署、裁判所、療養所、病院、刑務所、精神病院などに数え切れないほど出向かなければならないかもしれない。
>
> （AA World Services, 2001 AA 日本出版局訳 2002, p.140）

　それでも仲間を手助けし続けろ！　それが依存症者が回復し続け、幸せに暮らせるコツなのだと書かれています。我々はこのプログラムの原理を実践し続けています。それはもちろん大変ですが、苦労の何倍も楽しいことなのです。

　この原理を忠実に守り、一人一人が自分の使命と居場所を見つけ活動していくには、給料制は邪魔だなと考えました。給料制にしてしまえば、普通の組織のように「職員がやれば良い」となって、恐らく広がらないし、何よりもつまらないです。

　代表と事務局を置き、問題が起こったら責任を引き受けよう。けれども活動はみんな対等な関係でやっていこう。このコンセプトのおかげで当会がうまく回っていると思います。こんな組織があったら面白くないわけがないですよね、しかも支援は生半可なことじゃありません。時には闇金と闘い、時には自殺しようとベルトがぶら下がった公園の木の下に駆けつける。警察を説得し、政治家に陳情し、芸能人と啓発活動をしながら日本中を飛び回る、刺激的な毎日です。ギャンブルの借金や家族の問題で泣いていた日々とは別世界です。いままでサラ金や闇金に無駄に垂れ流していたお金が、社会で生きるお金として還元できるようになったのです。

　そしてどんな自分も否定されず、どんな困難でも解決してくれる仲間の存在、それはかけがえのないものです。

　我々は知っています。この世はお金の問題なんか絶対になんとかなるのです。だから私たちは、お金をどんどん出して関わってくれる人を増やし、プロの手を使って事業を拡大しています。そしてお金をどんどん使うことで、助けられる命があるなら使ってしまおうと考えています。

　そして助かる人を増やせば、寄付が増える。好循環が生まれます。実際支出は飛躍的に増えましたが、収入もそれに見合うだけに増えてくるようになりました。

また誰も給与を貰わないことで、皆が役割を引き受けてくれるようになるのと同時に、内部抗争や無駄な嫉妬や争いが起きず、組織内が平和になります。不必要な労力を使わずにすみ、仲間たちの手助けに全力を注ぐことができます。実にメリットがたくさんありました。

最後に 12 ステップのテキスト本に書かれているこの言葉を贈ります。心理職を目指す若者たちに本章がお役に立つことを願っています。

> あなたも、どれだけのものを人生からもらうかではなくて、どれだけのものを人生に与えられるかを考えるべきなのだ。そうすることで当然あなたの人生はずっと満ち足りたものになるだろう。あなたは昔の生き方を捨てて、新しい、はるかによい人生を見つけるだろう。
>
> （AA World Services, 2001 AA 日本出版局訳 2002, p.174）

引用文献

AA World Services. (2001). *Alcoholics anonymous: The story of how thousands of men and women have recovered from alcoholism* (4th ed.). AA World Services.
 （AA ワールドサービス AA 日本出版局（訳）(2002). アルコーホリクス・アノニマス──無名のアルコホーリクたち──ハードカバー版改訂版　AA 日本ゼネラルサービス）
IMARC (2024). Japan Online Gambling Market Report by Game Type (Sports Betting, Casino, and Others), Device (Desktop, Mobile, and Others), and Region 2024-2032. https://www.imarcgroup.com/japan-online-gambling-market.

働く人と組織を支援する EAP の仕事をつくる

株式会社ジャパン EAP システムズ 取締役 ● **松本桂樹**

1. はじめに

　私はジャパン EAP システムズ（JES）という EAP 専門会社で経営の一翼を担っており、同時に今もカウンセラーとして日々、相談業務に従事しています。JES は日本で初めて設立された EAP 専門会社であり、勤労者がよりよく働けるための支援を行っています。社名に「メンタルヘルス」や「カウンセリング」を冠するのでなく「EAP」を冠して起業したのは、EAP を専門に事業を行っていく覚悟の表れといえます。

　EAP（Employee Assistance Program：従業員支援プログラム）はアメリカ発祥の勤労者とその組織を支援する仕組みであり、1985 年に日本生産性本部メンタル・ヘルス研究所により日本に紹介されました（今井，1988）。EAP は組織との契約により、所属する社員やその家族に対して無料で相談サービスなどが提供されるサービス・プログラムです。JES は 1980 年後半から EAP を研究し始め、1993 年に会社を興しました。本場アメリカの EAP を参考にしつつ、日本に受け入れられるよう検討を重ね、サービスを展開してきています。

2. EAP のサービス内容

　JES では、国際 EAP 協会のガイドラインに準拠して、表 3 のようなサービス・パッケージを顧客企業に対して提供しています。各サービスの内容は、下記の通りです（それぞれの説明は、松本（2023）に加筆・再構成を加えたものです）。

①対面・電話・メール等による相談と専門機関の紹介

　悩みを抱えた際、社員が気軽に相談をしてもらえるように、相談方法はメー

ル・電話・Web面接・対面など幅広い手段が用意されています。連絡を受けたカウンセラーは、相談者の抱える問題に対して理解を深め、アセスメントを行い、適切な行動プランを作成して、解決に向けた関わりや適切な支援が可能となる専門機関の紹介を行っていきます。

表3　EAP機関のサービスラインナップ例

①対面・電話・メール等による相談と専門機関の紹介
②緊急事態ストレスマネジメント・自殺のポストベンション
③短期カウンセリング
④専門機関紹介後のフォロー
⑤研修（新人、一般職、管理職など）
⑥マネジメント・コンサルテーション
⑦相談利用状況の報告と組織的改善策の提案
⑧相談窓口のPRと利用の仕方のオリエンテーション
⑨ストレスチェックと組織分析、環境改善
⑩職場復帰支援

出典：松本（2023）より。

②緊急事態ストレスマネジメント・自殺のポストベンション

社員や組織が直面する危機に対して、時宜を得た介入を行います。例えば台風や地震などの自然災害、近親者や親しい人の突然の死、事故や暴力行為の被害など、命の危険を感じるほどの出来事の後は、心身にさまざまな反応が現れることがあります。こうした感情面、および身体面でのさまざまな反応は、「異常な状況に対する正常な反応」なのだということを啓発し、PTSDの予防を目指します。

③短期カウンセリング

相談を受けた際、①の関わりを踏まえ、短期で問題解決に寄与できそうな場合は、EAP機関のカウンセラーが自らカウンセリングを行います。なお、一定回数を超えて長期にわたり専門的なカウンセリングが必要になる場合には、問題解決のために適した外部の専門家や専門機関につないでいくことになります。

④専門機関紹介後のフォロー

問題解決のために適した専門家や専門機関につないだ場合、その専門家およ

第1部　各領域で仕事をつくる

び専門機関において治療などが順調に進んでいるかどうかを当該相談者に確認するなどして、適切なフォローアップやモニタリングを継続します。

⑤研修（新人、一般職、管理職など）

　さまざまな対象別に、各種研修を行う講師としての役割を担います。例えば管理職向けに、メンタルヘルス対策における「ラインケア」の方法として積極的傾聴法などのコミュニケーション方法をレクチャーしたり、一般社員向けに「セルフケア」の方法としてストレスマネジメントやリラクセーションの方法を伝えたりするなどは、研修機会の多いテーマとなっています。

⑥マネジメント・コンサルテーション

　組織のリーダーに対し、問題を抱える社員を適切にマネジメントし、適宜EAP を紹介することができるようコンサルテーションを行います。例えば、メンタルヘルス不調が疑われる社員がいて、その社員が精神科医療機関の受診を拒否している場合、上司は対応に苦慮する可能性が高いといえます。その際は、上司と EAP のカウンセラーで「どうやって社員を専門機関につなぐか」を一緒に検討していきます。

⑦相談利用状況の報告と組織的改善策の提案

　プライバシーには十分に配慮した形で、相談の利用状況を人事担当者などに定期的に報告を行います。寄せられた相談内容の傾向を分析して組織にフィードバックし、例えばパワーハラスメントに関する相談が多く寄せられる傾向があった場合には、組織のリーダーに対して「パワハラ防止研修」の実施を提案するなど、組織として取るべき対策を一緒に検討していきます。

⑧相談窓口の PR と利用の仕方のオリエンテーション

　社員やその家族、ならびに組織のリーダーが相談窓口を気軽に利用できるように、EAP の広報資料の作成、広報活動を行います。例えば、相談窓口へのアクセス方法や相談可能なテーマなどを記したチラシやポスター、メールマガジンなどを作成し、継続的に PR を行って相談利用を促していきます。

⑨ストレスチェックと組織分析、環境改善

　労働者が常時 50 人以上いる事業場では年に 1 回、ストレスチェックを社員に実施することが労働安全衛生法によって義務付けられています。ストレスチェックの結果を踏まえて、社員にセルフケアのアドバイスを行ったり、高ス

80

トレス者のケアを行ったり、また、集団分析の結果を踏まえて、職場環境の改善に向けた取り組みにつなげます。

⑩職場復帰支援

メンタルヘルス不調などで休職に至ってしまった社員に対し、不調からの回復を支援し、職場復帰のリハビリや関係者間の調整を行います。各企業の基準や手順に沿い、どうすれば職場復帰が達成できるか、どうすれば復帰後に再発しないで働けるかを一緒に検討していきます。復帰のためのリハビリに際しては、必要に応じ医療機関のリワークデイケアなどを紹介することもあります。

3. EAP サービス立ち上げ前夜

筆者は1995年に大学院を修了し、縁あって東京都板橋区にある成増厚生病院のサテライトクリニックであった高田馬場クリニック（現、慈友クリニック）に正職員として採用されました。スクールカウンセラーに興味があった私は、まずは精神科医療の現場を知っておきたいという理由で、クリニック勤務を志望しました。

しかし、筆者は高田馬場クリニックで初めて採用された心理職だったこともあり、クリニックには心理職専用の業務が存在せず、先輩の精神科ソーシャルワーカーに業務を教わり、デイケアやグループワークを中心に業務を行っていました。心理テストを依頼されることもなく、待っていても心理業務をお願いされるような環境ではなかったため、心理職としての成長を求めていた自分は、もどかしさも感じていました。

1995年は Windows 95 が発売された年です。当時から OA（オフィスオートメーション）化の波が寄せて、多くの企業や職場で PC の導入が進み、インターネットが広がっていきました。筆者は、自分自身の活躍どころを探していた時期でもあり、幸い少しは PC や統計ソフトが扱えたこともあって、ホームページの作成や患者情報の集計、各種統計処理などを担うようになり、少しずつ周囲から認めてもらえるようになっていきました。

JES は、高田馬場クリニックが属する医療法人の理事長が出資して設立された会社でした。設立当初は具体的な相談サービスは展開されておらず、産業保健スタッフを対象にしたセミナーを中心に関連医療機関のスタッフによってメ

第1部　各領域で仕事をつくる

ンタルヘルスの啓発活動が行われており、筆者は1996年頃からJESの市場調査などの手伝いをするようになりました。調査結果を学会論文（松本他, 1997）にまとめるなどの実績を示したこともあり、理事長から「お前がEAPサービスを立ち上げろ」と白羽の矢が立ちました。

● 4. 立ち上げの奮闘

　1997年頃は、まだインターネットが広く普及しておらず、ホームページを持つ企業も多くはありませんでした。今では当たり前となっているGoogleなどの検索サービスも十分ではなく、そのため知り合いを辿ってアメリカのEAP会社のパンフレットを収集し、JESのサービスラインナップを整備する参考にしました。ただし、海外のEAPをそのまま日本に導入するのは、日本の人事制度と合致しないことが考えられたため、とにかくアクセスしやすいような相談体制を検討しました。

　その後、電話での問い合わせに応えるため、NTTに行って電話番号やフリーダイアルを取得し、電話機を購入して高田馬場クリニックの片隅に設置しました。会社のパンフレットに加え、サービス内容と料金体系を記した営業資料を作成し、四季報などを活用して、まずは多くの企業人事担当者宛にダイレクトメールを送りました。

　当時はEAPなど、ほとんど知られていない時代です。とにかく、企業にEAPを知ってもらうことが重要と考え、EAPの啓発を目指し、人事担当者向けに企画された公開セミナーを定期的に開催しました。参加者にアンケートを取り、興味を持ってくれた相手に連絡をとって訪問し、自社のサービス説明を行う営業活動を繰り返し実施しました。

　スクールカウンセラーになるために、まずは精神科医療機関に就職した自分が、EAPの営業で六本木や丸の内のビルにある大手企業を訪問するのは、「なんでこんなことをやっているんだろう？」という戸惑いもありつつ、ワクワクする体験でもありました。普段は白衣を着てクリニックに勤務する自分が、週に数回はスーツを着てEAPの営業を行い、前例もなく正解もわからない中で暗中模索する日々は、心理職としては得がたい貴重な体験でした。

働く人と組織を支援する EAP の仕事をつくる

5. ハートに火が付いたきっかけ

ただ、振り返ってみると、当時まだ 20 代後半だった私は、あまり自分の仕事の意義を理解していなかったように思います。この仕事を「本気でやろう」と思ったのには、きっかけがあります。1998 年 2 月、自宅でテレビを見ながら夕飯を食べているとき、衝撃的なニュースが流れました。中小企業の経営者 3 人が東京都下のホテルで自殺をしたというニュースでした。3 人とも取引のある社長で、経営不振による負債を「一緒に死んで、保険金を運転資金にあてる」と決め、1 つの部屋で食事をした後、それぞれの部屋に戻って首を吊ったようでした。3 人で集まり最後の晩餐をした部屋には、チェーン店の牛丼屋の容器とビールの空き缶が残されていたとのことです。

このニュースの衝撃は今でもよく覚えています。しばらく絶句し、そして「何なんだ、この社会は！？」と言いようのない憤りが自分の中に沸き起こりました。そこから自分に火が付いたといっても過言ではありません。1998 年は自殺の報道が後を絶たなかった年でした。当時はまだ、EAP という言葉自体もあまり知られていない時代であり、自分の会社が営利組織として利益を得る形で支援を行うことに成功すれば、それをモデルに EAP が働く人のメンタルヘルス支援のインフラとして機能するはずだと信じ、それ以降、営業や相談、執筆活動やセミナー登壇、そして業界団体の設立などに無我夢中で関わってきました。

学生時代のアルバイトでもお歳暮の仕分けや家庭教師くらいしかやったことがなかった自分にとって、「営業」は馴染みのない仕事でした。しかし、問い合わせをしてくれた企業を訪問し、その企業の事情を聴き取り、必要と思われるサービスの説明を行うことはコミュニティ心理学の臨床活動の一環だと捉え直しました。よく聴くと、問い合わせの背景に社員の自殺などがある場合も多く、その場で相談になることも多かったです。その後、1 年で 1 億円近くの契約を取りまとめた年もありました。

6. 相談対応における試行錯誤

1999 年頃から契約企業が徐々に増えてきて、相談件数も増加していきまし

第1部　　各領域で仕事をつくる

た。それまでは高田馬場クリニックのスタッフの支援を得ながら、なんとかやり繰りしていましたが、2000年にはカウンセラーの増員、営業・事務スタッフの導入などの必要性が出てきて、2001年にクリニックとの兼務体制を解き、JESをスピンアウト（独立）させました。筆者も正式にJESに移籍して管理職となり、専用のオフィスを持って、その後専従スタッフを増員していきました。

　ちなみにEAPでは、相談者が皆、心理カウンセリングを求めて連絡をくれるわけでなく、さまざまなトラブルに関連する相談が寄せられます。既存のカウンセリングの枠組みに収まらない内容も多く、対応は試行錯誤でした。ハラスメントという言葉も存在していなかったため、ハラスメントの相談対応の蓄積があった訳でもなく、精神科医やケースワーカーなどさまざまな専門家とも相談しながら、対応を進めていました。うまくいかずに相談者や人事担当者などから何回叱られたかわかりません。失敗はキリがありませんが、以下のようなことがあったのを覚えています。

社員からの嫌がらせの相談

　「職場で嫌がらせを受けている」との連絡を受け、相談者と対策を検討し、加害者とされる方にEAPのカウンセラーが手紙を書いて、嫌がらせをやめてくれるようにお願いすることにしました。そうしたところ、加害者とされる方の父親から連絡がきて、「うちの子どもがお宅から脅迫状を受け取ったと聞いた。どういうことか」と激しいお叱りを受けました。直接会って話をして、事実確認なく手紙を送ったことを何度も謝罪しました。最後には、謝罪を受け入れていただき、幸いなことにその後、加害者とされる方からの嫌がらせ自体も収まりましたが、今考えても拙い対応で申し訳なく思います。

Web掲示版での誹謗中傷の相談

　相談者は自分のペットが散歩中に大型犬に噛み殺され、その飼い主の態度も不誠実だったこともあって、Webの掲示板に事情をアップしました。その結果、その人自身がさまざまな中傷コメントに晒されることになってしまいまし

84

た。そのことで相談を受け、とにかくその掲示板と距離を取るように話したものの、怖さもあってつい見てしまうとのことで、担当カウンセラーの筆者は「皆、中傷するようなことは止めようよ」と、その掲示板に書き込みました。そうしたところ、「誰だお前は」「お前も逝け」と矛先がこちらに向かってしまい、散々中傷されることになりましたが、相談者は心強く感じてくれたようです。

　もちろん、良かったこともたくさんあります。部下への対応で困った上司が相談に来てくれて、それ以降、他の部下のことでも相談してくれるようになったり、さらにはその上司から聞いたということで、他の部署の上司が相談にきてくれたりと、活用が広がっていったのは光栄なことでした。特に、当該部下が元気になって昇進し、上司になった際に自分の部下のことで相談に来てくれたときは、支え合いが広がっていることが実感できて、とても嬉しく思いました。

7. 企業理念の明文化

　ある程度の年数、事業を継続していると、カウンセラーの入社・退社が発生します。事業が拡大すると新規採用が必要になりますが、一方で一定数の退職者も発生します。特に2002年以降、EAPを提供する会社が雨後の筍のように増えていき、JESで経験したカウンセラーは引く手あまたで競合他社に引っ張られ、頭を悩ませました。EAPは業務範囲が広く、相談を受けるだけでなく、研修やストレスチェックなど、幅広い知識やスキルが必要とされることもあり、業務を覚えた社員が競合他社に転出するのは、自社にとって大きな痛手となります。

　新しいカウンセラーを採用し、単に業務内容を教育するだけでは、ある程度経験を積んだカウンセラーはより良い条件の会社に転職してしまいます。筆者にはハートに火が付いたきっかけもあり、高いモチベーションがありました。ただ、数年経験して業務に慣れたカウンセラーは、日々の仕事に疲れてくると「なんでカウンセラーになったんだっけ？」と目的を見失いがちになるものです。そこで会社として、何を目指して事業を行っていくのか、何を大切に支援活動を行っていくのかを明確化する必要があると考えました。熟考の末、明文化したのが会社の羅針盤となる以下のミッションと顧客提供価値です。

第1部　　各領域で仕事をつくる

> ### ミッション
>
> JES は相談活動を通して、以下の通り社会に貢献して行く
> ①勤労者が健やかに、かつ効果的に発揮できるよう援助する
> ②組織が健全な事業活動を実践継続できるよう支援する
> ③支え合う繋がりやコミュニケーションを創造する

> ### 顧客提供価値
>
> 「なるほど」を生み出すことで、顧客社員と組織に「意味」と「余裕」と「信頼」を実感して頂く。

　EAP は社員個人と同時に、組織を支援するサービスです。まず、社員を支援するとは、何を支援することなのかをあらためて考えてみました。そこで、大事なことはミッション①の通り「健やかに発揮すること」を支援することだと捉え、アントノフスキーの健康生成論（Antonovsky, 1987）に示される有意味感を高めることをポイントに置きました。また、②は組織を支援することに関わります。組織を支援するとは、右肩あがりの成長を支援するよりも、組織が継続すること（サスティナビリティ）が重要なのではと考えました。そのためには経済的な余裕、そして心の余裕を確保する支援がポイントとなります。そして③は社会的な視点であり、ソーシャルキャピタルの創造です。山岸（1999）は、安心社会から信頼社会への転換の必要性を訴えており、信頼を築くには自ら相手を信頼して関わっていくことが重要だと述べています。価値観が多様化する社会において、JES ではもっとつながりを創造していきたいと考えて③を設定しています。

　この①②③を踏まえて、顧客に感じてもらいたい価値として定義付けたのが「なるほど」という納得感です。カウンセラーが実践すべきは、問題解決よりも相談者に「なるほど」と感じてもらうことだと位置付けて、社員に継続して訴えかけるようにしました。疲れたり、ぶれたり、よくわからなくなったりしたときに、立ち戻るべき理念を概念化したことで、会社にアンカーが打てたよ

うに思います。

8. 専門家の存在意義

　ところで、先述の通りEAPは働く社員個人を支援することに加え、組織を支援することがサービスの中核となっており、組織を支援するということは、ミッション②の通り「サスティナビリティ」の支援が重要だと述べました。個人は必ず死を迎えますが、組織は生き続けることができる存在です。では、組織の支援を通して、どのような社会を目指したいのかを思い浮かべたとき、筆者は専門家がはびこるような社会はあまり好ましくないのではないかと考えました。目指すべき社会は「自助による支え合い」であり、EAP機関で考えると、「EAPの支援がなくなっても、組織にEAPが内在化され、支え合いが根づくこと」だと思っています。

　そのためのプロセスとして、まず職場内の問題を明確にして専門家に相談することをサポートします。自分たちで対処ができないからこそ、専門家が必要となる訳ですが、いざ上司が部下のことで専門家にコンタクトを取ろうとすると、「自分のマネジメントが悪いとカウンセラーに責められるのでは」と警戒する場合も多いです。上司の話を傾聴し、これまでの対応を労うことで、まずは安心して相談できる関係性を築きます。

　そして、内在化のために必要なことは、わかりやすく現象を整理し、職場の関係者にも問題の理解を高めてもらうことです。例えば部下が不調になった際、何が起こったのか理論的枠組みを活用してわかりやすく説明し直すことで、把握可能感・処理可能感・有意味感を高めることができます。困難な事態を外部の専門家に丸投げして委ねるだけでは、専門家への依存が高まるだけで、内在化は進みません。

　初期は、今ある問題点の肩代わりをする外的存在として専門家が活用され、中期には徐々に専門家の支援を組織が取り込んで内在化し、最終的に外的存在として専門家が活用されなくても内部の支え合いが残ること。良かった点をフィードバックして成功体験につなげ、うまくいった場合は上司や同僚の手柄にしてもらいます。回復した社員と関わった関係者は、その克服体験をもとに支援者としてのノウハウを得ることで、その後も自律的に支え合う組織のキー

第1部　　各領域で仕事をつくる

パーソンとなることが期待できます。このプロセスを支援することが、専門家としての役割だと考えています。

● 9. おわりに

　心理職の働く職場は多くの場合、公務職場か非営利組織である場合が多いです。そのせいか、筆者が学会や専門誌などでEAPの活動報告を行った際に、「会社の宣伝をするな」と叱られた経験が1回2回では済みません。特にアカデミックの立場の方から、営利組織で心理臨床を行うことに対して「不謹慎」という目を向けられることが過去に何回もありました。

　営利組織がお金を儲けようとする理由は、株主や経営者が私腹を肥やすためでなく、掲げる理念を実現すべく財源を投じるためです。公務職場などは、予算の関係で人員を増やすこと、事業を拡大することに制限がかかる場合も多いことでしょう。しかし、営利組織では財源さえ確保できれば、法律や制度の改正を待つことなく新しいことや必要なことに取り組むことができます。

　日々報道されている悲しい事件や事故のニュースの裏では、被害を受けた方だけでなく、その家族や友人、そして多くの目撃者も心の傷を負っているはずです。筆者が昔から気になっている課題に、通勤電車などで聞く人身事故のアナウンスがあります。恐らく、悲惨な場面を目撃している人が少なからずいるはずで、筆者自身も以前、同様の場面に遭遇したことがありますが、そのショックは簡単には消えませんでした。

　例えば、振替乗車券やSNSなどで「ショックを受けた方はこちらへ」と示して、電話などの相談サービスを提供することができると、PTSDを予防することが可能なのではと考えています。各鉄道会社に呼びかけて費用を負担してもらい、カウンセラーを取りまとめて相談体制を整えることができたら、心のケアに貢献できるのではと思います。

　このように新しい事業を始めるには、夢を持ち、夢を明確に描写し、さらにはその夢を人に語れるようにすることが重要だと感じています。夢は語れるようになると、その夢に共鳴して支援してくれる人が集まってくるものです。仲間を作り、得意分野を活かして役割を分担し、任せ合いつつも密に情報共有すること。お互いの意見を尊重しつつ、率直に意見を交わして事業を作っていく

88

ことの面白味は、何物にも代えがたい醍醐味だといえるでしょう。新しいこと
を始めるのは勇気がいるものですが、心理職には大学院の同級生と指導教官が
いてくれますので、きっとその人たちが力になってくれると思います。

引用文献

今井 保次 (1988). アメリカ企業におけるメンタル・ヘルス——EAP (Employee Assistance Program) の導入—— こころの健康, *3*(2), 42-46.

松本 桂樹 (2023). 産業・労働領域における心理支援の実際 こころの科学, *230*, 8-13.

松本 桂樹・市川 烈・米沢 宏・木村 武登・藤原 誠二・市川 光洋 (1997). 企業のメンタルヘルス対策についての調査研究——日本における EAP 導入の展望—— カウンセリング研究, *30*(1), 18-24.

Antonovsky, A. (1987). *Unraveling the Mystery of Health: How People Manage Stress and Stay Well.* Jossey-Bass Publishers.
（アントノフスキー, A. 山崎 喜比古・吉井 清子 (監訳)(2001). 健康の謎を解く——ストレス対処と健康保持のメカニズム—— 有信堂）

山岸 俊男 (1999). 安心社会から信頼社会へ——日本型システムの行方—— 中公新書

地方で心理のなりわいをつくってしのぐ
──認知行動療法を活用して

CBT センター 所長
一般社団法人 CBT 研究所 代表理事 ● 西川公平

1. 序

　紀貫之は古今和歌集仮名序で「やまと歌は 人の心を種として 万の言の葉とぞなれりける」と記している。言の葉は天地開闢以来ゆうゆうと生い茂っており、すなわちタダ同然で地に満ちている。そんな言葉にお値段がつくんですか? How Much! というのが、人々にとっては新鮮な驚きだったろう。

　なんせ世の中は、相談したい人はもとより、相談に乗りたい人でも溢れている。行政のパンフレットを見ても、いたるところに無料相談があり「独りで悩まないで、今すぐ電話」などと書かれている。SNS でも YouTube でも本でも雑誌でもメディアでもカウンセラーは溢れかえっている。水道 SOS みたいに冷蔵庫に貼る磁石の広告もそろそろ配られ始めるのではなかろうか?

　地方で開業するということは、これまでお金を払う価値があるとされていなかった、タダの「心理相談」に、なんとかバリュー／付加価値を感じてもらう営みだといえる。それは私にとっての社会実験であり、なんなら今も実験中である。本稿ではこれまでのささやかな実験のプロセスを開示したい。

2. 経営の実際

　心理カウンセリングは大して儲からない。フレンチ料理を考えてほしい。客は必ず 7000 円のコースを頼む。そうなると「ええやん。儲かるやん」と思うかもしれない。でも、席は 1 つしかない。それだと「無理ゲーやん」とわかってもらえるだろうか?　カウンセリングにおいては時間とお金を等価で交換しており、地方においては交換レートに限界がある。私はよく「美容師という専門家に 1 時間かけて手技を披露してもらうのと変わらないレートがそこにある」と言っている。もちろん都会のカリスマ美容師であればレートが高いこと

地方で心理のなりわいをつくってしのぐ

もあるだろう。著者が拠点としている滋賀において真にカリスマと名のつくものは、カリスマゆるキャラのひこにゃんしかいない。でも、カリスマでなくても良い。なんとか食いつなげるぐらいにはブランディング戦略を練っていかなければならない。もしくは1対多数の集団でセラピーをしたり、お教室を開いたりと、何かの工夫をしなければならない。よくある開業金稼ぎの工夫の1つに100回でも200回でも同じ客から金を引っ張り続けるというやり方がある。それにどれほどまことしやかな理屈をつけようが、れっきとした搾取なので、そのやり方はしないと決めている。認知行動療法は困り事を問わず、せいぜい10回前後のセラピーが最頻値である。それぐらいを意識して店舗経営を展開しないといけない。

　そんな中で私が選んだのは、医療機関との連携であった。どんな田舎にでも精神科はある。なぜならこころの病気自体は疫学的に一定割合存在するからだ。精神科医師は、ご飯を食べたり、トイレに行ったりする暇もないほど忙しい。「ちょっとした話を聞いてくれて、なおかつ治療に寄与するような介入してくれるような、かゆいところに手が届く便利なカウンセリングルーム無いかなー」という医師の願望／欲望に応じて、CBTセンターは立脚しているところがある。実際のところ、クライエントの7割は紹介である。こちらからも心身の病気である可能性があるかぎり、できるだけ医療機関を紹介して、相互に紹介する／される関係性ができてきている。精神科はもとより、小児科、内科、耳鼻科。ハローワークや児童相談所などの行政機関や司法機関／弁護士。スクールカウンセラーやスクールソーシャルワーカー。あらゆる機関／専門家から紹介がくる。開業が成り立つためには、地域とのラポール、いわばメタラポールが形成されていないといけない。

　では一体どうやってラポールを築くのか。認知行動療法においてラポールとは「改善の結果生じるもの」である。つまり紹介元が「紹介して、良くなってくれて、紹介した甲斐があった」と思ってくれたときに、初めてラポールは形成される。まだなんの結果も出していないのに、ラポールが築けるとしたら、それは詐欺である。つまり、地域社会は開業カウンセリングルームのことを冷徹に観察／アセスメントしているということだ。

　でもまあ話を戻すと、それだけ紹介があっても、単価もたかが知れている

91

第1部　各領域で仕事をつくる

し、一席しか無いし、儲かりようがない。世間でいうところのボーナスが欲し
くてたまに研修を開催してみたり、業者に頼むようなホームページ作成やチラ
シ作成を自前でやってみたり、色々な助成金や補助金にチャレンジしてみた
り、YouTube で発信してみたり、器用さと貧乏さを兼ね備えた私は、口に糊
するために何でもしてきた。そのうち一番大切だと思っているのは、節税対策
だ。「入ってこないなら、出るのを減らせばいいじゃない」の精神で、NO 節
税 NO Life ぐらいに領収書と必死に格闘している。あれやこれや工夫して、
まあ、世間並みの生活がトントンといったところだろうか。

　「たくさん人を雇って上前をハネる」という経営もあるだろうが、そもそも
地方にはそこまでの相談数もないし、求人に応じてくれる人も多くない。
CBT センターは真剣に認知行動療法を極めたい人を常に募集しているが、昨
今「真剣に極めたい」みたいな人ってなかなかいない。そして経営サイドから
見て「人件費という固定費」はなかなかに恐ろしくて、通帳の残りライフもガ
リガリと削られていく。

3. 先行者特典

　私は CBT センターを作って約 20 年になるので、おそらく滋賀では老舗の
カウンセリングルームだといえる。別に心理の仕事に限らないが、早くからそ
の業界でやっているものには先行者特典がある。

　例えば、開業当時、滋賀の田舎には開業カウンセリングルームなんてほとん
どなかった。メンタルヘルスに関わる研修をする人もほとんどいなかった。そ
ういう意味では都会とは違ったやりやすさがあるかもしれない。都会のカウン
セリングルームでは誰もが公認心理師資格を持ち、誰もが小綺麗なホームペー
ジを持ち、誰もが「認知行動療法やっています」と書き、note でそれっぽい
／ちょっとしたメンタルヘルスの豆知識を切り売りしている。私が顧客なら、
どこがマトモなカウンセリングルームで、どこがマトモではないか、まったく
区別がつかないだろう。田舎は人口も客も少ないが競合も少ない。

4. 学会や組織とのお付き合いと、面倒くささ

　自慢じゃないが地方の心理士組合とは大してうまく行ってない。かつて開業

地方で心理のなりわいをつくってしのぐ

はどちらかというと蔑まれていて、いわれない陰口を叩かれたり、組織の理事に怪文書を回されたり、それが結局全部私に告げ口されてきたり、これまで散々な感じでげんなりした。心理は狭いセクトで内ゲバが大好きなので、出る杭を打ちにかかる風潮が強かった。しかし、段々と時代は変わっていき、儂らの若い頃は……じゃないが、令和の世の中はずっと開業しやすい風潮だと思う。組織のお歴々も多くは退場しているし、より若ければより無宗教的なノンポリさで、開業のことを蔑む感じもない。公認心理師系の組織は臨床心理士系の組織より新しいだけあって活気づいている。まあでも、それは同じ轍を踏まないよう他山の石を反面教師にできるので、ずいぶんと参考になって助かっているのだと思う。もちろんお歴々が天下り場所として確保している例も散見するのだが。

　開業をするということは、逆に言えば組織からは独立するということに近い。会社組織とか、学会組織とか、食わせてくれる、養ってくれる、育ててくれる組織の庇護の傘のもとで、窮屈ではありながら安定した生活を営んでいたところから、開業は少し距離を取ることになる。なんせ自分の稼ぎで食べていかなければいけないわけだから、心理組織の内輪の事を気にするよりは、よっぽど心理じゃない外の人々と健全で社会的な対人関係を構築していかなければならない。

　ただ、私が開業関係のお仕事、シンポジウムやワークショップを重ねていくうちで、心理職が開業をためらう一番の理由は「私ごときが開業するなんて、同業者の心理職たちはなんて思うだろうか？　嘲笑われたり揶揄されたり、若造の分際で！と叱られたりしないだろうか」という不安であった。そして、前述の通り、実際心理職たちはこれまで明に暗にそういう事を言ってきているので、それは妄想ではなく事実である。

　ただ、もし開業を夢見てこの本を読んでいる読者がいるとしたら、私は声を大にして言いたいのだが、「心理職にどう思われるか。よく思われるとか、悪く思われるとか、経営には一切関係ない。医師も、弁護士も、教師も、牧師も、占い師も、警察も、行政もクライエントを紹介してくるけれど、心理職だけはほぼ紹介してこない。だから、開業の経営に関して一番気にしなくてもいい相手は心理職だ」と。

93

第1部　各領域で仕事をつくる

　それは、変に心理職をクサしているとか、私の地元での評判が悪すぎるとか、そういうわけではない。本来紹介とは異業種間でなされるものなのだ。水道屋は工務店や電気屋を紹介する。美容師はヨガインストラクターやネイルサロンを紹介する。でも、水道屋が水道屋を紹介したり、美容師が美容師を紹介したりはほとんどない。だから、開業を夢見ているのであれば、心理職以外の人たちと仲良くする術、つまり社交性を身に着けた方が良い。お住まいの商工会議所などでも、異業種間交流会などは盛んに行われている。どっちかというと社交不安気味な人が多い心理職にとってはハードルが高いかもしれないが、奇貨は案外モテるかもしれないから、勇気を出して一歩踏み出してみてほしい。ついでに商工会議所という組織は、自営業開業を応援するための組織でもあるので、各種無料相談があるし、とにかく開業の力強い味方になってくれます。足を向けて寝られないよ。

5. 認知行動療法というアドバンテージ

　認知行動療法は、とにかく説明が容易である。説明することも容易だし、説明された方もなんだかわかった気になる。専門家も、専門家でない人もそれなりの納得感がある。現代において最も成功した宗教を科学だとすれば、エビデンスを味方につけている認知行動療法は、みんながふんわり信じている「科学って良いものだ」という素朴な信念に寄り添っている。古くは「NASA が開発した」といえば皆がホホーっとなったように、今では AI が開発したとか、Google が取り入れたとか、そういう流れに乗っている。本当に認知行動療法が科学として成立しているのかはさておき、そういう雰囲気づくりが大切だ。

　どうして私が認知行動療法を始めたのかは、基礎の生理心理学出身だということもあるが、昔々私が精神科のクリニックに最初に勤めた際、院長に「ナラティブでも、コグニティブでも、お前の好きにやるといい」と太っ腹な提案をされて、結局コグニティブの方に流れたわけだが、それは悪くない方向性だった。精神科医療とはどんな考え方をするシステムなのか実地に学ぶことができたことは、開業をしてからもとても役に立っている。だから、最終的に何になるにせよ、初めてのキャリアは精神科病院がおすすめである。長らく精神科医

94

療はエビデンスの流れから置いてきぼりだったが、最近の若い先生たちはしっかりとエビデンスに沿って診断も介入も行うようになってきている。そうすると薬物療法1剤目を試して、うまくいかないなら2剤目を試して、それも駄目ならオーギュメント（Augmentation Therapy とは使用薬物の効果増強を目的に追加される治療法である）を入れて、パッとしなかったら認知行動療法を紹介という、ある種のコンビニエンス的なルートが開発されている。CBT センターで行われている認知行動療法が、エビデンスを示す RCT に掲載されているそれと同じなのか違うのか、クオリティーコントロールがなされているのかは、そこまで気にされていない。しかし、CBT の学会に所属して、毎年スタッフが発表して、多少なりとも組織の委員などの仕事をしているので、世間ではそれっぽく見られる。

　しかし、それっぽく見られる以上に組織に深入りすることは、結局時間を取られるだけで経営的にはマイナスである。「学会や心理組織が私の居場所！」になってしまうのは私的にはいただけない。開業の経営を回していくことに主たるエネルギーを費やせば、他所にあれこれコストを割いている余裕など無い。もちろん心理の組織は互助的にボランティアで成り立っているから、それにタダ乗りしすぎるのは良くないことだし、いくらかお手伝い程度に関わっても良い。でも少し大きな組織は、驚くほど巨額の内部留保を溜め込んでいて、なおかつ会員をタダ同然で働かしていて、商売として見たときにそれはもはや令和の世の中では「やりがい搾取」と糾弾されるべき事態にも思え、不愉快だ。個々人では良い人々も組織となると途端に嫌な感じになってくる。そういうなんだかよくわからない組織の理論からは一定の距離をおいて、付かず離れず、そこそこのお付き合いをしていくことが開業としてはおすすめできる立ち位置だ。

● 6. バリューは大事だが、値打ちをこきすぎるのは鼻白む

　さて、本来タダである言葉に有象無象、魑魅魍魎の価値をくっつけて、お値段が付くようにしていくことが開業である。しかし、値打ちをこきすぎてはいけない。値打ちをこきすぎるとそれは宗教になる。心理カウンセリングには八百屋のおっちゃんが喋っている事以上の価値があると思ってもらいたいが、

第 1 部　　各領域で仕事をつくる

何でもかんでもこころに紐づけすぎたり、心理の面接に強すぎる意味をもたせすぎたりしてもいけない。どのようなエビデンスを見ても、認知行動療法はせいぜいプラセボに比べてちょっとよいレベルの治療成績にすぎない。最も客観的にあれこれ試されている心理療法でさえもその程度だから、ほとんど試されもしていないような療法については言うに及ばない。そもそも心理面接に大きすぎる期待や何でもできるかのような万能感を抱くべきではない。それが心理の禁欲原則のようなものだ。しかし一方で、開業して営業するとなれば、「あんな事ができます。こんな事ができます」みたいなことも言っていかないといけない時がある。「こころは大事です！　大事です！」だけでは、子どもが駄々をこねているのと変わらず、他業種の人間からしたらドン引きされるだけである。そういった点でも認知行動療法は介入のアウトカムを提示する習癖があるので、心理以外の他業種に理解してもらいやすい。

● 7. 開業までの来歴

　ここで、企画・編集から「心理職／対人援助職等になり、現在に至るまでの個人的な道のり、挑戦、失敗や困難、および成功体験を書いてください」と頼まれたのを思い出したので、遅まきながらどうして私が開業に至ったのかを簡単に書いてみたい。

　精神福祉センターの電話相談や精神科のクリニックのデイケアでキャリアをスタートさせた私は、諸般の事情で地元の滋賀に帰ってきた。地元には心理に大した仕事もなく、専門学校で教えたり、スクールカウンセリングをしたり、産業カウンセリングをしたり、クリニックでパートタイム心理職として働いたりしていた。その中で仲良くしていた NPO 法人の理事から「ちょっと相談に乗ってあげてほしい人がいる」と紹介された。しかし、どこにも相談に乗る枠がなかった。そこで、その NPO 法人の事務所の一室を借りて心理相談に乗ってファーストキャッシュを得たのが 2005 年だ。そのとき、相談が終わってから「お幾らですか？」と聞かれて、「はて、これは幾らと言えば良いものなのか？」と悩んだ記憶がある。以来 20 年ぐらい細々と続けている。開業と聞くと大きな大きな決断と変化を必要とするように聞こえるかもしれないが、挑戦も失敗も小さくやればよい。心理の仕事は静かで落ち着いた空間とペンと紙が

96

地方で心理のなりわいをつくってしのぐ

あればなんとでもなるので、こぢんまりと試してみて、駄目なら引き上げたら良いと思う。臨床もうまくいったりいかなかったりがあるように、経営もうまくいったりいかなかったりがある。経営で一番失敗したことは……書面にかけるようなことではないので、飲み会で出会ったら尋ねてみてください。

いずれにせよ、認知行動療法はアレコレと実験をしてみる治療法だ。だから私自身が認知行動療法で飯が食えるものなのか？という実験を20年ぐらいやっているとも言える。ただ、20年もやっていると元気なときもあれば、元気がないときもある。開業は身体が資本じゃないけれど、自分がコケたらどうにもならなくなる危険がある。もう私も中年の危機（ミッドライフ・クライシス）真っ只中なので、騙し騙しやっていく術も身に付けないといけない。

そのためではないが、私は同じことを続けているとどうしても飽きてくるので、自分を飽きさせない仕組みをどのように作っていくのかが大事になってくる。年に1～2回ぐらいは儲からなくとも良いから、ときめくような仕事を作っていこうと思っている。あの楽しみな仕事があるから、ここ3カ月は頑張ろうと思えるような、メルクマール（道標）のような仕事がいくつかあると、生活に張り合いが出る。

そして、私にとってそのような仕事は、臨床心理の仕事ど真ん中というより、ちょっとだけ専門から外れていたり、コラボレーティブな仕事だったりすることが多い。例えば「透析患者を診ている看護師さんたちにメンタルヘルスについて喋ってほしい」とか、「心理職たちを集めて大喜利大会をしたい」とか、「開業を夢見る人たちを集めて開業ワークショップを開こう」とか。ここ最近だと、「こころにまつわる出版社（編集者）と執筆者とその卵たちで集まって飲み会をしよう」というイベントが一番楽しかった。これは楽しかったので、第二回があるかもしれない。また、普段“相談”業務をしているけれど、他にも“談”はたくさんあるわけで、怪談、猥談、漫談、講談など順番に制覇していこうと、怪談→猥談の順でライブを行った。心理職のコアスキルは「誰とでも、何の話題でも、良いお話し空間を作り出す」ことにあると思っているので、内容が怪異だろうが、猥褻だろうが、何の違いもない。こういった仕事は金にはならないけれども、トキメキがあってワクワクする。開業とは生業（なりわい）を作り出すことではあるが、人がパンだけで生きていけないよ

第1部　各領域で仕事をつくる

うに、半年から一年以内とか短いスパンに好きとかときめく仕事も配置しないと、自分の機嫌が取れない気がする。

　他にどこでもそうだと思うけれど職場に新しいスタッフが入ってきたときなどは、また違った人のフレッシュな空気を感じられて職場は活気づく。これまで暗黙知的になされていた職場の数々の惰性も、「これってなんですか？」という新人からの質問によって明文化されることとなる。あるいはおかしいけれど長いことそのままになっていた応急処置なども改善されることになる。転居や結婚や独立など、どうしてもスタッフは出たり入ったりするが、別れもあれば出会いもあるのが人生なので、いくらか致し方がない。

8. 行政や政治との関係性

　行政や政治と関係を持つことは、少量であれば win-win だろうと思う。例えばたまに相談したりされたりする県議会議員がいるが、向こうも議会での代表質問に使えそうなネタとか、地域住民のメンタルヘルスの悩み事などを振ってくるし、こちらもごくたまに少し難しめの要求を行政や学校に通すとき、メンタルヘルスの風通しを良くしてほしいときなどに議員を通じることがある。しかしポリティクス関係はあまり踏み込みすぎても地雷も多いし、頼りにできるってほどでもないから、ちょい足しのフリカケ程度に思っている。

　それよりはむしろ、行政の大きな政治的方向性は、つまり日本の方向性と言っても過言ではないので、多少目を光らせておかなければならない。といっても公認心理師ができたということ以外で、そうそう我々下々のところまで関係するような行政上の変革はない。

　むしろ逆に、行政上の何かに乗っかる形でビジネスを展開していくと、それは儲かるだろうなと思う。まさに公認心理師現任者講習権益を掴んだ人々はちょっとしたバブルだった。

　ちょうどよい失敗談を話してみよう。行政が都会の収税一人勝ちをどうにかするために「ふるさと納税」という制度を作って、税を都会から田舎に流す政策に出た。それぞれの地方の特産品などをふるさと納税の返礼品として収めることができる。これにはサービスなども含まれるために、我々は彦根市の特産品として認知行動療法をふるさと納税で受けられるように手配した。これは結

98

構ホネのいる事務量だったが、スタッフも頑張ってくれてまあなんとかこぎつけた。しかし蓋を開けてみれば、全然利用者がいない。それもそのはず。原価が30％という規制があるために、普段の3倍の料金になってしまうのだ。それなら普通にオンラインカウンセリングを受けた方がよっぽど良い。ということで、苦労してこぎつけた「ふるさと納税で認知行動療法を！」はネタとしては面白かったが、事務の手間をとられただけに終わった。これは失敗の一例だが、もっと大きなことから小さなことまで、自営業というのはあらゆる失敗をしている。そのうちたまたま当たった事業が継続し、拡大していっているのだ。これも開業心理カウンセリングに限らず、どこでも一緒だと思う。転がる石に苔生さず（Rolling Stone）の精神で、小さな発想を小さく開始し、イケそうなら広げていって、ダメそうならすぐ畳むのが良い。出版社だってこの出版不況の中、初版をごく僅かに出して、売れそうなら再販して、ダメそうならすぐ絶版しているじゃないか。この本はどっちになるんだろうね？　いま読んでいるあなたがBOOKOFFの中古で購入していないことを祈るばかりである。

9. 仕事をつくる際に重要となるポイント
──臨床経験、技術が大事？　広報が大事？

　私はたくさんの分野で、たくさんの人に面談できるといいなと希望して、臨床経験がそうなるように配置してきた。病院臨床に始まり、デイケア、集団療法、医療での個人面接。学校でのスクールカウンセリング、巡回相談員。企業での産業カウンセリング、司法関係のお仕事と、それに加えて開業臨床。今で言うところの5領域のすべてで働いてきた。それぞれの領域で、例えば「うつ病」という同じ困り事があったとしても、困りごとの現れ方や重症度、解決のあり方はそれぞれ違っており、ある1つの領域から見ていてもなかなか解らないことってあるなと感じている。幸いにして日本で最も上手なカウンセラー（自称）なので、臨床の技術には特に困っていないが、そうなるために行ってきた修行はたくさんある。

　例えばまずは陪席。同業者の心理面談を見せてもらったり、自分の心理面談を見てもらったりである。他の心理職や精神科医の面談は見ていて興味深いし面白い。自分ではそうならない方向性に進む面談は、自分の面談の思考や技術

第1部　　各領域で仕事をつくる

の幅を広げてくれる。また人に面談を見てもらって、アレコレ質問を受けることでも、面談の中で自分が意識せずに行っていたことの言語化を強いられることになり、自分の面談のクセへの意識が高まる。なにより直接観察してもいないことを実際自分がすることは畳の上で水泳の練習をするぐらい難しい。しかし陪席はクライエントさんの許可はもとより、相手と自分の時間も使い、もし別職場だと移動の時間も使いと、結構贅沢な修行である。隙あらば陪席のチャンスを逃さない姿勢でいるが、そうそうあるチャンスではない。しかしいつでも陪席するマインドで、前髪を掴みにいっている。

　それより多く行ってきたのは、学会や地方勉強会で事例報告をすることである。日本全国に認知行動療法の勉強会やその他臨床心理の勉強会は数多くある。道場破りではないが、武者修行のように色々なところに訪れては、事例報告を行ってきた。心理療法のオリエンテーションの違いももちろんあるが、例えば同じ認知行動療法の勉強会でも、勉強会の作りがずいぶん違っていて、それはそれで面白いと思う。事例発表も、パワーポイントでまとめて発表したこともあれば、逐語を起こしたことも、動画を使ったこともある。いずれにせよ、他人の目の前に出す前提で臨床を客観的にまとめる時点で、かなり多くの発見がある。さらに集団事例検討だと、そこにさまざまな他者の意見が入ってきて、これまた勉強になる。そしてそれらで得た知見を現実の目の前のクライエントさんに還元していくことで、自分の臨床技術が拡張していくのだ。事例をまとめるときに客観性を持って臨めば、面接当時自分がやろうと思っていたことと、実際にやっていることの大きなギャップに気づくことができるようになるだろう。ブリーフセラピストの森俊夫氏は面談における脚本家としての自分と、役者としての自分の区別をはっきり分けて考えていたが、事例報告はそのどちらでもなく、いわば編集の目で自分の臨床を見つめ直す作業である。そして、年を取ってくると、人の臨床にコメントする機会も増えてくる。これはこれで、前述の陪席にも似て自分で登らない山についての知識や経験の増幅につながって、また楽しいものである。

　広報に関しては長年特にやってこなかったが、最近はいくつかの分野に関して「こういう心のサービスがあるんだよ」ということを伝えるために、ぼちぼちDMなどを打ち始めている。今のところそれほど広報の効果は出ているよ

うに見えない。それよりは地域でちょくちょく頼まれる「メンタルヘルス研修」などがきっかけで面談につながることの方が多い。このメンタルヘルス研修を、昔は言われるがままの報酬金額でやっていたのだが、あまりに数が多く疲れてしまったので、今では一応の定額を示して依頼のハードルを上げるようになった。これは賛否の分かれるやり方で、ところによっては安くてもバンバン研修・講演を引き受けて、客寄せの撒き餌にしたいという経営判断もあるだろう。

　しかし前述のように、現状うちでは認知行動療法を受けさせたい＆受けてもらいたいという医療機関などからの紹介の方が圧倒的にクライアント獲得につながっている。口コミで以前に通っていた友だちから勧められたからというのは、ごく僅かにある。

10. まとめにかえて、開業を志す人に伝えたいこと

　いつか開業をと思っている人は、まずは開業している、または開業カウンセリングルームで働いている心理職に話を聞いてみるのが良い。第9回臨床心理士の動向調査によると民間相談機関勤めは約12.2％で、そのうち経営者は約700名らしい（日本臨床心理士会，2024，p.27）。探しても見つからないというほどではなく、研修会や学会などに行けばそれなりに見つかる割合だ。一方で、先に述べた商工会議所のような、自営業開業を広くサポートするようなところに相談に行ったり、自営業のスクールのようなところに行ったりして、悪い意味でこびりついてしまっている心理職の呪いを解く必要がある。それは心理で純粋培養されてきたある種の人々にとっては、心理が特別な職業でないとわかってしまってつらい体験になるかもしれないが、地域で開業していくにあたってはどうしても必要な体験である。

　心理職の理屈にだけ沿った正しい行いではなく、地域の現実の困難に沿った展開をしていって、真面目に仕事をし続けていけば、いつしか地域で必要とされる存在となって、地盤が安定する。その地盤を固めるためにも、なるべく自分の臨床を鍛える修行のようなことを絶え間なく行うことと、なるべく心理職以外の集まりに出かけていって交流することの両輪を大切にしていかれると良いと思う。

第1部　　各領域で仕事をつくる

　開業には向かないなと思うのは、学会などに出かけていっても古巣の人たちとばかり、金魚のフンのようにつるんで過ごし、何ら新しい出会いのない人たちである。開業心理はまだまだ新しい分野で、いわば新奇行動である。もちろん目新しいことが毎日ありすぎても疲れてしまうが、一歩でも心理職とは違う人たちと交わってご飯を食べにいくなど、日頃の自分とは違った、日常を変える行動を取ったとき、それがまさに開業への第一歩なのだ。

引用文献

日本臨床心理士会（2024）．第9回「臨床心理士の動向調査」報告書
　　https://www.jsccp.jp/members/information/results/pdf/doukoucyousa_vol9.pdf

地方都市で心理学の新しい仕事を
つくる

認知行動コンサルティングオフィス 代表 ● 岩野卓

1. 自己紹介

　はじめまして。私は公認心理師と臨床心理士の資格を持って、コンサルティングオフィスを開業しています。コンサルティングといっても、正直なところ「何でも屋さん」のようなもので、業務は多岐にわたります。企業や学校などの研修講師、対人援助職のスーパーバイズ、学会発表や研究計画の助言や支援、企業がテレワークを導入する際やハラスメント対策を行う際の助言や提案などをしています。その他に、兼業でスクールカウンセラー（以下、SC）をしたり、YouTube チャンネル「ばっちこい心理学」と「心理学おたくチャンネル」で情報発信などをしたりしています。

　ここまで読んで、「カウンセリングは？」と思った方もおられるでしょう。実は、していないのです（兼業の SC ではしてはいますが）。一般的に心理職の開業というとカウンセリングオフィスだと思います。私も、それが無難だと思っています。ところが、私の仕事はカウンセリング以外がメインなのです。本稿では、私がそのような形の仕事を選んだ理由や、「食べていけるのか？」という問題についてご説明したいと思います。

2. 私の仕事

　今の仕事は、個人事業での心理学を使ったサービスです。フリーランスといった方がイメージしやすいでしょうか。会社を起こして人を雇う「起業」ではなく、個人で仕事を受ける 1 人職場が「個人事業」です。誰かに雇われるのではなく、1 人でやりくりしていますし、色々な企業や団体からの業務を引き受けています。少し細かく説明すると、自分のオフィスに来る仕事は、個人事業の仕事としてお引き受けして「報酬」をもらっています。それ以外に非常勤

第1部　各領域で仕事をつくる

講師として大学で講義をしたり、教育委員会の会計年度任用職員であるSCとしての仕事をしたりして「給与」をもらう場合もあります。個人事業というのは「報酬」をもらう仕事のスタイルなのです。

カウンセリングをしないで何をしているのかといいますと、産業・労働領域の仕事が多いです。企業では、メンタルヘルスやハラスメントの対策など、事業主が対応しなくてはいけないと決められているものがあります。しかし、メンタルヘルス対策やハラスメント対策の知識がある企業というのも多くはないので、外注することが多いのです。この仕組みで外注を受ける仕事を、外部EAP（Employee Assistant Program：従業員支援プログラム）とも言います（島他，2002）。ハラスメント研修や管理職研修といった形で研修を行ったり、社内の仕組みづくりにアドバイスをしたりする仕事をしています。

私のオフィスでは特に、認知行動療法を中心としたサービスを提供しています。私は10年ちょっとの間、認知行動療法を専門に臨床と教育をしていましたし、屋号も「認知行動」コンサルティングオフィスですから。認知行動療法は、産業との相性が良いと思います。企業では、目に見える結果や、エビデンスを示すことを求められます。認知行動療法はエビデンスが多いので、企業の担当者もその強みを理解しやすいように思われます。そのため、産業組織へのサービスに認知行動療法は相性が良いし、社会的なニーズも高いと考えています。

ではなぜ産業領域の仕事をしているかというと、働く人のサポートをしたかったからです。私は元々産業・組織心理学領域の研究もしていたので、産業領域の知識がありました。産業カウンセラーなどの産業場面で使う資格も持っています。また、学会や県の公認心理師協会などで産業・労働部門の役員もしていました。そういった経験から、就労者や企業に向けての支援がしたいと思っていました。

しかし、産業・労働領域はどこの公認心理師協会に行っても人材不足で、仕事も少ないのが現状です。産業・労働領域を主に活動している公認心理師は、資格保有者全体の6％ということです（日本公認心理師協会，2021）。とはいえ、公認心理師の目的として、国民の心の健康の保持増進が挙げられていますので、働く人に対する健康増進や不調予防のアプローチがあっても良いと思う

のです。日本の労働人口が健康で働きやすく生活できればいいと思いませんか？　しかし、現時点で産業領域の心理職が担う仕事は多いとはいえません（少なくとも公認心理師と臨床心理士については）。潜在的には、たくさんの困りごとが企業で起きているのに、心理職が仕事として依頼される職場が極端に少ないのです。だったら自分で仕事を作ろう！というわけで、開業してからはカウンセリングをメインとはせず、研修やコンサルティングの仕事に精を出しているというわけです。

　依頼は私が住んでいる北海道だけではなく、日本各地から頂いています。このことを見越して開業したところもありますが、なぜだと思われるでしょう。私の予想した理由は2つあります。1つはコロナ禍で利用機会の増加したオンライン化の影響です。大学の講義も、企業研修も、オンラインで実施できます。地方に住む身としては、ありがたい限りです。ちなみに、本書の編者である髙坂康雅先生とは以前一緒に書籍を作ったご縁があるのですが、その際も打ち合わせはすべてオンラインで行いました。もう1つの理由は、私がYouTubeで情報発信している影響です。登録者は多くありませんが、専門家向けの動画も多く配信していますので、業界の人が結構見てくれています。そのため、動画を見た各地の方からご依頼を頂いています。なお、YouTubeだけではとても食べていけませんので、その点はご注意ください。

　依頼の多い仕事の内容は、研修の講師です。コミュニケーションやハラスメントの研修が多いのですが、それだけではありません。「それだけではありません」と言いますか、「それ以外のこと」を提案することが重要な仕事です。そもそも、世の中で心理学や公認心理師の仕事を理解している人の方が少ないのです。ほとんどの人が「心理学の仕事＝カウンセリング」だと思っています（内間他，2024）。もしくは、心理学を学んだ人は「人の心が読める」と本当に思っています。そのため、何を依頼できるのかを知らないので、こちらから提案しないと仕事にならないのです。例えば、睡眠衛生、糖尿病対応（ダイエット）、行動変容、感情調整などは、公認心理師の仕事とイメージされることはあまりありません。睡眠衛生なんて、不眠に対する認知行動療法を学んでいる心理職からすると、ぜひともお任せいただきたい仕事ですよね。私は認知行動療法の応用を主なサービスとしていますので、応用行動分析、主張訓練、行動

第1部　各領域で仕事をつくる

活性化などをしますし、統計解析や研修プログラムの効果検証もします。それらの知識や技能は、産業領域と相性が良いのですが、企業の担当者が知っていることは一度もありませんでした。「こんなことできます」とプレゼンをすると、「それは心理学が関係するのですか？」と驚かれることが多いのです。待っているだけではなく、自分からできることを知っていただく必要があるのです。面倒に思う方もいるかもしれませんが、これはこれで心理学の社会実装という意味で、やりがいのある活動だと思っています。

3. なぜその仕事をしているのか？

　さて、産業の仕事が好きな理由はお伝えしましたが、そもそもなぜこういった奇妙な仕事をしているのか、そこにはきちんとした動機があります。そこで、少し私の経歴を交えて説明したいと思います。元々私は、精神科病院で働く臨床心理士でした。大学院の修士課程を修了して、そのまま常勤で週5日勤務している、比較的よく見かける一般的な病院の臨床心理士でした。職場は、地域でも比較的症状の重い方が来られる大きめの病院で、とてもやりがいがありました。

　ただ、どうしてもネックになることがありました。給与が安いのです（もちろん病院によりますよ！）。大学と大学院を合わせた合計6年分の奨学金を借りていましたので、返済も大変です。夏と冬のボーナスが支払いに消えて、右から左に流れるのを見るのは、なんとも切ない気持ちになるものです。また、昇給もあまりありませんでした。このままではキャリアアップも望めなさそうだったので、何とかしなければと思い、大学院の博士課程に進学することにしました。この頃の私は、「心理職のワーキングプア問題」といわれる問題の、まさにど真ん中でもがいていたように思います。この頃から、学歴と所得の格差について人一倍真剣に考えるようになったと思います。

　大学院の博士課程では4年間かかりましたが（最短だと3年で修了できます）、なんとか博士号を取得し、九州の国立大学に特任講師として勤めることになりました。「特任」というのは、任期付きのことです。5年間の任期付きの契約なので、業績を作ることに必死になりました。大学によりますが、この「特任」があるのと無いのでは給与が大きく違うのです（大学によります！）。

地方都市で心理学の新しい仕事をつくる

　幸いなことに、4年目に「特任」が取れて「講師」として採用されました。「講師」もしくは「専任講師」ともいいますが、「特任」が取れると雇用契約の任期が外されるので、任期切れを恐れずずっとその大学に勤めることができます。そして、このとき大きく給与が上がりました。どれくらい上がったかは、うーん、秘密です。それよりも、特任講師の給与が低いことが問題だと、後日思いました。興味がある方は、インターネットで検索してみてください。つまり、大学教員になっても、お金の問題はついて回ったのです。やはり、心理職のワーキングプア問題はついて回ったと言わざるを得ません。

　特任が外れて専任講師となった私は、3つの問題に直面します。1つ目が、教えていた学生のワーキングプア問題です。常勤職に就けない修了生も多く、実家から通える範囲でなければ生活できない、という話もありました。一方で、自分はそこそこな給与をもらっていました。人によるとは思いますが「自分は困っていないから、まぁいいか」と割り切る人もいます。しかし、そのようには到底思えませんでした。自分の過去を学生に重ねていたのかもしれません。だから、何とか心理職がちゃんと食べていける方法を考えようと思ったのです。ちなみに私は、大学院の学費は自分で支払いましたし、合計9年間奨学金を借りましたので、中古のマンションが買えるくらいの借金が形成されてしまいました。返済したのは、大学に勤めて6年ほど経った頃だと記憶しています。

　2つ目は、自分のキャリアプランの問題です。大学教員は高収入で安定した仕事だと思われています。たしかに病院勤めのときと比べて、随分収入額は上がりました。しかし、状況が年々苦しくなっていることも確実でした。例えば、国立大学は国からの運営交付金を財源としていますが、毎年1％ずつ交付額は減額されています（竹内，2019）。つまり、日本全体で年間100億円ずつ減っているということです。さらに、少子化によって受験者数は減少しており、2023年度の受験において大学進学希望者数が大学の定員数を下回る、いわゆる大学全入時代となりました（日本私立学校振興・共済事業団，2023）。今後、多くの大学が財政的に厳しくなることは明らかです。収入が厳しいのであれば、どこかでコストカットをしなくてはいけません。そして、大学で大きく予算が使われているのは人件費です。人件費が削られるということは、退職

第1部　各領域で仕事をつくる

教員の補充がしにくくなり、1人当たりの業務量が増加するということになります。私は研究者を志望して大学に就職したので、会議や事務作業ばかりに時間を費やされ、研究ができないことにアイデンティティの危機を感じました。大学からは予算を少しでも増やすために研究費を取得するように促され（研究費を取得すると一定額が大学に振り込まれる間接経費というものがあります）、一方では研究費を取得しても学内業務が多すぎて研究できないという状況に絶望しました。学生に明るい将来を見せるのも大学教員の役割だと思いますが、自分の将来は暗く、病院時代と比べると給与は高くなったものの、業務量は増え続け、大学の財政は悪化し、やりたかった研究も納得のいく教育もできないという状況に夢も希望も見えませんでした。そのような状況で、博士課程に進学希望の学生や現役博士課程の後輩に大学への就職を勧められなくなってしまったのです。取り組む仕事に誇りと満足を感じられて、一定の収入を得られるキャリアプランを考える必要が生じたのです。

　3つ目は、これが一番思っていたことなのですが、心理学を活用できる仕事が少ないことです。この点については、憤りを感じていました。元々、医療や教育だけではなく、心理学は広く社会全般に活用できる実学であると考えていました。少なくとも、私自身は心理学の知識に随分救われたと思っています。人間は正論では動かない感情の生き物であること、空気を読むということは（言語）行動の機能を理解すること、行動変容には科学的な理論を活用できること、そのようなことを高校まで教えてもらったことはありませんでした。これらの情報は、義務教育で教えてほしいと思うほど実用的な情報です。また振り返っても、私はあまり人に好かれるようなタイプではなく、我が強く攻撃的な人間だと思っています（少しはマシになったと思いたいのですが）。少しでも社会に適応できる人間になるために、指針となったのは心理学でした。そして心理学を使って自分の行動を律し、感情を制御して、博士号を取ってキャリアアップをしたと思っています。一事例かもしれませんが、心理学を使ってキャリアアップはできているのです。そんな非常に役立つ知識であるはずの心理学を学んでも、病院かスクールカウンセラー以外の仕事が少ないということに、とても強い憤りを感じています。心理学を使えば解決できる社会問題はたくさんあるのに、心理学を使わせてくれる仕事が少ない、少なくとも大学の進

地方都市で心理学の新しい仕事をつくる

路指導で提案できるほどの求人は無いというのが現実ではないかと思います。

　以上の理由から、心理学を活かすことができ、ワーキングプアにならず、社会に貢献できる仕事を探す必要がありました。そして、そのようなものは行政や資格団体が動いてもすぐには現れないと考えました。公的システムは大きな変化を作り出す一方で、動きは早いとはいえません。誰かが助けてくれるのを待っていたら、理想の仕事が世に生まれたときにはお墓の中だと思ったのです。そのために、自分で仕事を切り拓く道を選択して、今に至ります。

● 4. 開業するまでの苦労——食べていけるのか？

　皆さんが一番気になる点は、「食べていけるのかどうか」ではないでしょうか。この問いに対して一度考えてほしいのですが、では「どの仕事なら食べていける」とお考えですか？　医師や弁護士なら食べていけると思いますが、それ以外の職種はどうですか？　公務員、教員、建設業、プログラマーなど、世の中には色々な仕事があります。その中で、心理職は他の仕事よりも食べていけない職種だと思われますか？

　個人の意見ですが、「この職種になったら安泰」という仕事はもう無いように思います。単純に給与が一定額得られるだけの仕事なら、あると思います。しかし、給与が一定であれば他の条件は不要なのでしょうか？　もしそうなら、私は大学教員を退職することはしなかったと思います。私が上記のように考える理由は、日本が格差社会になっているからです。

　日本は OECD に加盟する先進国の中で、格差が大きい国になっています。7人に1人は相対的貧困に位置し、格差は今後大きくなると予想されています。さらに、日本の国際競争力は低下しており、一人当たり GDP は世界 31 位です（日本生産性本部, 2023）。さらに世界で最も高齢化率の高い国家であり、加えて少子化が続いています。この状況で、この仕事についたから安泰というものはあるのでしょうか？　私の考える答えは、「どの仕事に就いても安泰はない」ということと、「食べていけるかどうかは働き方次第」ということです。「心理職は食べていけるのか」という質問は解像度が低いと考えています。そうではなく「心理職は食べていける工夫がしやすい職種なのかどうか」と考える方が建設的ではないでしょうか。そして、この質問に対しては、心理

109

第1部　各領域で仕事をつくる

職は「工夫しやすい職種である」と考えています。なぜなら、ポートフォリオワーカーに適しているからです。

　複数の収入源を持つ働き方を、ポートフォリオワーカーといいます（Gratton & Scott, 2016 池村訳 2016）。そして心理職はポートフォリオワーカーになりやすい働き方だと考えています。例えば、週2日SCをしながら、週1日病院の非常勤心理職として働き、週3日は自分の個人事業をする、という働き方を考えてください。この場合は、収入源はSC、病院の心理職、個人事業の売り上げという3つです。このような複数の収入源を持っていることで、どこか1つで収入が止まっても、残りの収入源からは収入を得られるため、リスクヘッジは高くなります。また、出産や育児、キャリアアップのための勉強、介護や病気による休職にも対応しやすくなります。従来、心理職は比較的転職のハードルが低く、非常勤の仕事を掛け持ちする人も多い業種です。そのため、ポートフォリオワーカーに適しているといえます。

　また、ポートフォリオワーカーの利点は、ジョブ型雇用に乗りやすい点も挙げられます。従来の新卒一括採用をして1社で勤めたのちに退職する雇用形態をメンバーシップ型雇用といいます。従来の日本ではメンバーシップ型雇用が主でした。しかし、メンバーシップ型雇用では、人材育成に時間が掛かり、急激な変化に対応しにくいという問題があります。メンバーシップ型雇用に対して、現在広がるジョブ型雇用は、特定の業務に適した人材を雇用する形態の雇用を指します（佐藤, 2021）。スキルが高ければ転職や給与交渉をしていくことができますし、会社に合わないと思えばより条件の良い会社に移ることができます。

　ですので、心理職は「食べていけるのか」という質問については、こう答えます。食べてはいける、ただし自分で工夫する必要がある。大学で公認心理師養成をしていた頃は、一般的な心理職の知識に加え、より高度な専門的知識か、心理学以外の知識を身に着けると良いというアドバイスをしていました。より高度な専門的知識というのは、特定の疾患や特定の技法についての高度な専門知識のことです。例えば、トラウマ治療に関する専門的技法や、自閉スペクトラム症の就労に関する環境調整や合理的配慮などは、疾患や領域に特化した非常に高度な専門知識といえます。ある分野の専門性を磨けば、転職の際に

110

アピールしやすいからです。また、心理学以外の知識は、プログラミングやキャリア支援といった知識のことを指しています。現時点ですでに、セルフケアのためのアプリ開発や、Web を使ったカウンセリングが行われています。そのような領域で働くには、公認心理師養成のカリキュラム以外に、ブリッジングできる知識や技能を持っていることで、特殊な業務を担当できる人材となることができます。プログラミングができる公認心理師であれば、テクノロジー関連の事業において重宝されることが予想できます。そのため、大学院を卒業して資格を取得したらどこかに就職して老後まで安泰、というキャリアプランを想定せず、ポートフォリオワーカーとして自己研鑽を続けるならば「食べていける」と思います。

● 5. これからのビジョン

　個人事業という小さな規模ですが、私はカウンセリング以外のサービスを増やしていきたいと考えています。それは、心理職のワーキングプア問題に対する抵抗でもありますし、心理学にはまだできることがあると社会に知ってほしいという社会実装でもあります。例えば、米国などでは Operational Psychology というものがあります（Kennedy & Zillmer, 2006）。訳すと、作戦心理学とでもいうのでしょうか。この領域は、軍事心理学の下位分野なのですが、人員の適性検査や選抜、意思決定、上級士官へのコンサルティングなどを行う領域です。臨床心理学以外にも、心理学を使ったサービスが社会実装されていますので、このような試みは日本でも行われて良いと考えています。そして、きっと社会に寄与するサービスになると予想しています。

　また、カウンセリング技能や認知行動療法は、疾患患者やメンタルヘルスの問題以外にも応用できると考えています。子育てや夫婦関係、職場のコミュニケーション、スポーツ、健康増進、健康経営、モチベーションなどが思いつきます。これらの課題について、書店では心理学者以外の著者が書いた書籍が平積みになっています。いつか、エビデンスに基づいた上で実践して結果を出した書籍が、心理学者によって執筆されるような時代が来てほしいと思っています。そのためには、仕事をつくるしかないのではないでしょうか。仕事が無いと、雇用は生まれません。雇用が無ければ、そのサービスに従事しようという

第 1 部　各領域で仕事をつくる

若い人も出てこないでしょう。しかし、潜在的には心理学にできることがまだまだあるのです。現段階では、まだそれは名前の無いサービスなのだと思います。もしくは、心理学と紐づかないサービスになっているのかもしれません。恥ずかしながら、私はマーケテイングを学んだこともなく、経営や営業がうまいとも思えません。それでも、人生の半分以上の時間を心理学に費やしてきました。世の中で「心理学を使う方法」を発展させるために、無力ではないと思うのです。心理学を社会実装する、世の中の問題を心理学で解決する、そういったサービスを少しでもつくることが、私のビジョンです。

　私の選択した方法は、プライベートジョブです。公認心理師の大きな流れとして、パブリックサービスの中で一定の地位を確立させるという方向性があります。それも重要なことだと思います。しかしながら、自分が現役で働ける時間を考えると、リスクがあっても新しい仕事を生み出す方向にチャレンジしてみたかったというのが、最も根本的な動機だったのかもしれません。もしこのような試みに賛同してくれる人がいたならば、いつか一緒に仕事ができればいいなと思っています。そのときには、公認心理師のワーキングプア問題が過去の話になっていると、なお嬉しいと思います。

引用文献

Gratton, L. & Scott, A.（2016）. *The 100-Year Life; Living and Working in an Age of Longevity*. Bloomsbury.
　　（グラットン，L.・スコット，A.　池村 千秋（訳）（2016）. Life Shift──100 年時代の人生戦略──　東洋経済新報社）
Kennedy, C. H., & Zillmer, E. A.（2006）. *Military Psychology: Clinical and operational applications*. Guilford Press.
日本公認心理師協会（2021）. 公認心理師の活動状況等に関する調査報告書 厚生労働省 令和２年度障害者総合福祉推進事業
　　https://www.mhlw.go.jp/content/12200000/000798636.pdf
日本生産性本部（2023）. 労働生産性の国際比較 2023 https://www.jpc-net.jp/research/assets/pdf/report2023.pdf
日本私立学校振興・共済事業団（2023）. 令和 5（2023）年度私立大学・短期大学等入学志願動向 日本私立学校振興・共済事業団私学経営情報センター私学情報室
佐藤 健司（2021）. 日本企業における人間関係──メンバーシップ型雇用とジョブ型雇用の視点から──　同志社商学，*72*(5)，733-749.
島 悟・田中 克俊・大庭 さよ（2002）. 産業・経済変革期の職場のストレス対策の進め方各論 1．一次予防（健康障害の発生の予防）EAP について　産業衛生学雑誌，*44*, 50-55.
竹内 健太（2019）. 国立大学法人運営費交付金の行方──「評価に基づく配分」をめぐって

―― 立法と調査, *413*, 67-76.

内間 望・沼田 真美・藤巻 貴之・今野 裕之 (2024). 心理学のパブリックイメージに関する研究動向および今後の展望　目白大学心理学研究, *20*, 41-53.

開業臨床家が担うミクロ – マクロの役割

大阪・京都こころの発達研究所 葉 代表 ● 浜内彩乃

1. 開業臨床のリアル

　まず、本書の目的は「心理職としてのキャリアを積み重ねていこうと考えている人たちに、さまざまな選択肢があることを提示し、自由に生きる力を与えたい」とのことですが、私がこれから書く内容でそれが達成できるかは疑問です。もしかしたら「開業臨床はやめておこう」と思われるかもしれません。しかしそれも含め「選択すること」の一助になればと思い、率直な思いを綴りたいと思います。

　まず私は開業臨床について、それほど明るい立場をとっていません。なぜなら、私は開業臨床を目指していたわけではなく、現在も開業臨床のみで生活をしているわけでもないからです。

　私たちは 2018 年 9 月 1 日に大阪府高槻市に「大阪・京都こころの発達研究所 葉」というカウンセリングルームを立ち上げました。開業を決めたのは、知人の会社の一部を低料金で間借りさせていただけるということや、当時勤務していた職場で大きなトラブルが発生し、一緒に勤務していた同僚の心理士 2 人との退職の検討が重なったことが発端でした。5 月頃に開業することを決め、9 月に開所したため多くの開業臨床家に驚かれる準備期間の短さです。思い付きと勢いで立ち上げを決意したといっても過言ではありません。

　こんな勢いで開業を決意できたのは、「間借りできる」ということ、共同経営であることが非常に大きかったです。家賃もかなり安い金額を提示してもらっており、光熱費などは不要、引っ越し費用や家財道具なども不要と、非常にありがたいお話でした。初期費用にかかるお金はほとんどなく、それほど申し込みがなくても大赤字にならないことが想定され、リスクが非常に少ない状況だったのです。また親しい心理士と共にわからないことを一緒に調べたり考

開業臨床家が担うミクロ - マクロの役割

えたりできることは非常に心強かったです。1人では開業を決断していなかったでしょう。

　初期費用やランニングコストはほとんどかからないこと、売り上げを多く必要としていなかったこと、開業を決意した後も、職場で色々あり、すぐには退職しないことから3人それぞれが個人事業主という形で開業することにしました（その後3人とも転職）。間借り先が大阪市内でしたが、間借りではないオフィスをいずれ持ちたいと考え、そのときには京都にオフィスを持つのがいいだろうと3人で話し合いました。「大阪・京都」と冠をつけた名前で開業したのはそうした理由です。

　しかし実際は、間借りを予定していた会社の都合によって開業予定日に間借りをすることが困難となり、急遽オフィスを探さねばならない事態になりました。初期費用やランニングコストも想定から大きく外れることになり、ゆっくり探す時間もないまま、大阪市と京都市のちょうど中間にあたる高槻市に良い物件を見つけ、そこにオフィスを構えることとなりました（2階建ての古民家ですが）。

　その後、約束通り大阪市内で間借りもしたことから、大阪府内で2カ所のオフィスを持つことになりました。京都にオフィスがないのに名称に「京都」とついているのはこうした事情によるものです。その後、間借り先の会社の都合により、大阪市内のオフィスも自分たちで物件を探さなくてはいけなくなり、さらに予定外な費用がかかることになりました。よく「オフィスが2カ所もあるなんて繁盛しているんですね」と言っていただきますが、裏事情はそれほど良いものではありません。

　また3人での共同経営でスタートしましたが、1年ちょっとで1人が離れることになり、残った2人の間でも経営方針を巡って何度も話し合いを続け、落ち着いたのは開業して3年が経った頃でした。開業臨床の醍醐味の1つは、予想もしなかったことがあちこちから降り注いでくることでしょうか。

　さらに、私は開業後に大学教員のポジションにつくことになり、それまで勤務していた精神科クリニックも継続しました。共同経営のもう1人も非常勤先を複数継続しています。落ち着いたのは開業して3年と書きましたが、開業して1年半の頃、まだ完全に黒字とは言えない状況でコロナ禍に突入したわけで

第1部　各領域で仕事をつくる

すから、開業臨床1本に絞らなかったのは賢明だったと思います。自分たちの生活が脅かされずに済んだために、オフィスを継続させることができました。

私も共同経営者のもう1人も保守的な考えで、経営に向いていない性格だと思います。経営について学べば、借金をして事業を運営することは基本中の基本であることがわかるでしょう。しかし、私たちは借金はしないという意見で一致しました（だから自分たちでさまざまな業務をこなすことになり大変だったという側面もあります）。

開業臨床だけで生活を維持しようと思えば、一度開業臨床だけに専念する期間を設け、その期間は収入がなくなることを覚悟する必要があります。非常勤などで最低限の収入を維持しながら開業しようと思えば、動ける曜日や時間が制限され、事業拡大はしにくくなります。それでも私たちは保守的な選択をしました。こんな保守的な2人が開業臨床と他での臨床とを両立しながら2つのオフィスを経営することができたのは、共同経営だったからだと考えています。共同経営をすることで、どちらか片方が別の勤務先で仕事をしていても、もう片方がオフィスの対応をすることができますし、さまざまな業務に関しても、二馬力で行えます。

2023年4月から合同会社に法人化しましたが、これも儲けが大きくなったからではなく、個人事業主同士だと共同資産を持つことができず、経営上の困難が大きくなったためです。

● 2. 臨床とコスト

私たちは助成金なども受けていないため、利益はすべてクライエントやバイジー、研修参加者からの支払いによるものです。クライエントがキャンセルをしたときにネガティブな感情を持ちたくない、同業者から搾取したくないという思いが私たち2人に共通していました。開業臨床だけにしなかったのは、そうした理由もあります。しかし、だからといって赤字運営するわけにはいかず、私たちが低料金で実施することで業界全体の相場が下がることもしたくないという思いもありました。

途中から、業務委託という形で複数名の心理士に心理検査やカウンセリングを請け負ってもらっており、その方々の業務内容に見合った報酬を支払いたい

116

開業臨床家が担うミクロ－マクロの役割

という思いもありました。こうしたさまざまな思いを両立することは非常に難しく、今でも正解はわかりません。若い心理士を正社員雇用し、一から育て、専門性や業務量に見合うだけの報酬を安定して支払うことが業界にとって必要なことだと考えています。しかし、それはクライエントや専門職が支払う料金を増額しなければ実現は難しいでしょう。

　具体的な数字を示すと、例えば50分10000円の料金設定だとします。心理士の時給が4000円、交通費が1000円かかったとすれば、それだけで5000円の支出となります。家賃や光熱費、通信費などは予約が入る・入らないに関係なくかかります。さらに法人税、消費税などの税金や事務等の人件費、日用品、細々した消耗品の費用を考えなければなりません。

　開業臨床では、担当心理士がクライエントから直接料金をいただくため、受けとる金額をリアルに感じます。担当心理士からすれば、クライエントからいただいた料金の半分しかもらっていないと感じるかもしれませんが、経営側からすれば「時給」で料金設定の半分を報酬とすると赤字です。ケース給にするのであれば、キャンセル時のことを考えなくて済むため、報酬を上げることができますが、それは心理士の経済面を不安定にすることになります。

　私たちは特定の医療機関や公的機関と提携を結んでいません。開業を決意したことが急だったのもありますが、他の仕事もしていたため、日中自由に動ける時間が少なく、近隣の医療機関などに挨拶周りなどが十分にできなかったことも影響しています。開業後、ご縁があった関係機関に対して書面でのやりとりを行ったり、地域の関係機関が集まる場にでかけていったりする中で、当オフィスを知ってくださるところは増えていますが、来所された方の90％以上はインターネット検索によるものです。だからこそ、定期的に新規クライエントが申し込みをしてくる保証はなく、多岐にわたるニーズに応えなければなりません。

　自分自身ではなく家族を変えてほしいという相談であったり、精神症状が強く出ている方の相談であったり、福祉サービスによる解決が望ましい相談であったりと、カウンセリング適応とは言い難い相談もあります。そうしたときには、クライエントのニーズに沿いつつ、適切な機関につなげられるよう、またクライエントにどのような支援が自身の困り感に必要かを知ってもらえるよ

117

第1部　各領域で仕事をつくる

う尽力しています。当オフィスに来続けてもらうことがクライエントにとって
メリットなのか、経営の観点抜きに、臨床家としてできる限り正当な判断がで
きるようにありたいと考えています。

　しかし、関係機関に電話し情報提供する時間や、書面を書く時間などについ
ては料金をいただいておらず（料金によって必要な機関につながりにくくなる
ことを防ぐため）、他機関につながって当オフィスへの来所が終われば、当オ
フィスへの収益はなくなります。適切な支援とコストのバランスをとることの
困難さを感じています。

3.　開業臨床における試行錯誤

　経営を始め、少数ながら心理士に報酬を支払う立場になり、雇用を生み出す
ことの難しさを痛感しました。1対1のカウンセリングや心理検査、スーパー
ヴィジョンでは、クライエントやバイジーから支払ってもらう料金を上げる以
外に心理士の報酬を安定させたりアップさせたりすることはできませんが、そ
れには限界があります。そこで考えるのが、グループセラピーや研修会など複
数の参加者が同一時間に集まるようにしたり、助成金や企業との提携などによ
り費用の支払いをクライエントや専門職以外に求めるようにしたりすることで
す。

　グループセラピーは実践していましたが、コロナ禍により中止しました。再
度実施することも検討しないわけではありませんが、当オフィスは特定の疾患
や社会問題等に特化して広報しているわけではないため、クライエントの年齢
や主訴、症状などは多岐にわたります。そのため、特定のテーマを冠してグ
ループセラピーを行えるだけのクライエントを同時期に集めることは困難であ
り、グループセラピーが適している状況ではないと現時点では考えています。

　また研修に関しても、利益を十分見込める大きなものになれば、その分、大
量の申し込みや問い合わせに対応できるスタッフを雇用したり、会場や資料の
印刷等を準備したりしなければなりません。また、検査道具やケースの話題を
用いるものはオンラインで実施ができなかったり、実際に道具を使った丁寧な
指導が必要なものは少人数制で行う必要があったりします。そうすればほとん
ど利益は見込めません。さらに、講師との調整、チラシや申し込みページ等の

作成など事前の準備に必要な人件費も発生し、申込数によっては赤字になることも覚悟しなければなりません。参加費を高くする理由はいくらでも考えられますが、参加者にとって負担になってしまうことは本意ではありません。参加者に負担をかけず、質の高い研修を維持していくことは難しく、また私たちがやりたいことのメインではないと考え、今はニーズに沿う形で最小限の実施に留めています。

　助成金や企業との提携についても試みたことはありますが、利益になるであろう段階に行くまでに多くの無償の時間を割く必要があること、さまざまな法律に詳しくなる必要があること、社会保険労務士や行政書士など各方面の専門家とつながる（報酬を支払う）必要があることもあり、他の仕事を掛け持ちし時間も経済的な余力もない私たちが達成までこぎつけることは困難でした。

　もう1つ試みたことは、他の開業臨床を行っている方々と協力しあうことです。お互いの経営方針を教え合ったり、一緒に企画を考えたりしたこともあります。これによって仲良くなった方はいますが、何か事業等が成功することはありませんでした。

　その要因は、当オフィスが3人の共同経営者としてスタートしたもののうまくいかなかったことと近似していると考えています。開業臨床は、黒字経営になるまでの期間、無償労働となります。3カ月で黒字になれば早い方でしょう。新しいことを始めると、それが軌道に乗るまで数カ月〜数年かかります。その間、多くの時間が無償労働となり、その分の補填はわずかに入ってくるケースや専門職が支払った料金となります。軌道に乗って黒字になれば良いですが、企画が赤字のまま破綻することも珍しくありません。

　いくら仲が良くても、思いや情熱があっても、それぞれの体力、経済力、時間には限りがあり、価値観や生活環境等も異なる人同士で、自分の利益を考えずに赤字になるリスクも抱え、他人と協同で何かをしていくということは難しいのです。そうすると、「1人（自分のオフィスだけ）で頑張っていこう」という結論になってしまいます。

4. 職能団体と学会の役割

　そんな結論になった頃、同年代の心理士たちが各都道府県臨床心理士会など

第1部　各領域で仕事をつくる

の職能団体や学会などに携わっている話を耳にするようになり、若手といえない年齢になってきたのだなという実感が湧き始めました。私自身、複数の職能団体や学会に所属はしていたものの、自分には関係ないと理事会や運営にはあまり関心を持っていませんでした。しかし、理事になり、運営に携わっている方々の話を聞くことで、私が開業臨床でやろうとしていたことは、職能団体や学会へ協力することで達成できるのではないかと考えるようになりました。

　ちょうどそのタイミングで、日本公認心理師協会の私設臨床委員会委員、日本心理臨床学会若手の会幹事に選出されることになりました。日本公認心理師協会では、公認心理師の活動状況等に関する調査を行ったり、社会的出来事に関して声明を出したりしています。私設臨床委員会では、開業臨床を盛り立てていくために定期的に研修を実施したり、他の委員とあわせて「公認心理師の活用に関する要望」を議員連盟の方々へ出すための意見を出したりしています。要望書の詳細は公認心理師協会のホームページ（以下、HP）の「資料集」から確認できますが、昨年度は個別の心理的支援についての診療報酬上の評価やスクールカウンセラーの週2日配置などが出されました。

　職能団体は、こうした業界全体の雇用を拡大するための働きかけを行っています。臨床活動を行っている各法人が、多領域の法人と提携し、雇用先を増やしたり、臨床活動を広めるための活動を行ったりすることにも意義があると思いますが、個の利益を顧みず、真に業界全体の利益を獲得しようとする働きかけができるのは、職能団体以外なし得ないのではないでしょうか。

　職能団体は、会員同士の交流や広報活動といった役目だけでなく、政策等についての情報収集や行政機関・政治家への意見表明を目的としており、会員の労働環境の改善のために部分的に労働組合的な役割も担っています。

　一般社団法人日本臨床心理士会（2024）の報告書によると、臨床心理士は調査時で約37000人で、うち会員は約23000人であり、組織率は約62％となります。日本看護協会も日本医師会も組織率は5割程度（日本医師会HP, 2023；日本看護協会HP, 2021）であることを考えれば、日本臨床心理士会の組織率の高さがわかります。公認心理師は職能団体が2つに分かれており、それぞれの会員数は公にされていないため、組織率はわかりませんが、会員数が増えれば、それだけ労働組合としての力は強くなります。

120

開業臨床家が担うミクロ–マクロの役割

一方、学会は、学術大会などで研究成果の妥当性を検討論議する場であると同時に、学会誌などで研究成果を発表する場でもあります。日本心理臨床学会は、臨床心理学という学問について研究し、その成果を発表し、検討論議する場だといえるでしょう。つまり、キャリアアップや労働環境改善について学会に要望を出すのはお門違いといえます。

ただ、職能団体が行政機関や政治家に意見表明をする際に、臨床心理学がどのように社会に役立つのか、どのような効果があるのかといった研究成果があることは限定的だとしても有用でしょう。『学会名鑑』には 2019 年 6 月時点で全 2037 学会が掲載されており、そのうち会員数が 1 万人を超えるものはわずか 45 学会であり、全学会の 3 分の 2 は会員数 1000 人未満であることに鑑みれば（埴淵・川口，2020）、日本心理臨床学会の会員総数 28429 名（一般社団法人日本心理臨床学会業務執行理事会，2024）というのがいかに恵まれているかがわかると思います。会員数が多いということは、多くの人がその分野の研究に携わり、研究の成果についての検討論議が多角的になされやすい環境にあるといえるでしょう。さらに心理学・教育学は人文・社会科学領域の中で唯一大きく個人会員数を増やしており（埴淵・川口，2020）、発展の可能性を秘めています。

職能団体への加入率や学会の入会率が高いにもかかわらず、心理業界の未来が明るく語られることが少ないのはなぜでしょうか。末木（2024）は、臨床実践における政策効果などの研究成果をきちんと報告し、それを職能団体が社会的メッセージとして発信するという構成になっていないことを指摘しています。今の私の知識と経験では、なぜそうした構成になっていないのか、どうすればそれが実現できるのかはわかりません。それを理解し、何ができるかを考えるには、職能団体や学会の運営に携わり、歴史を知り、構造を知ることが必要だと考えています。

5. ミクロからマクロへの視点の移動

山崎（2024）は、研究者と臨床家が手を組み、臨床の「効果」を明らかにすることや在野の臨床家が職能団体や学会の運営に携わることが、これからの心理業界の発展に必要だと述べています。しかし、実際に運営に携わって感じる

121

第1部　各領域で仕事をつくる

ことは、物理的な困難さです。運営に必要なミーティングを行うのは通常勤務時間を終えた夜遅い時間や、土日などの休日になります。私が運営に携わったのは、コロナ禍以降のため、幸いにもオンラインでのミーティングが通例でしたが、それ以前は東京に集まって行っていたと聞きます。ミーティングの際の交通費などは団体に支払ってもらえますが、報酬はなく、ミーティングの時間も、それに伴う資料作り等もすべて無償で行います。コロナ前であれば私も選出を辞退していた可能性が高いと思います。

　大学教員が職能団体や学会の理事に名を連ねているのも納得です。大学教員であれば、こうした活動も業績になったり、勤務として扱ってもらえたりします。しかし多くの勤務先では有給休暇を使ったり、プライベートを犠牲にしたりしなければなりません。運営に対する熱い思いがあったとしても、実行するための労力や時間はすべて無償で捧げなければならず、熱い思いを持てば持つほど疲弊してしまう構造が待ち受けています。そのため、与えられた議題を無難にこなし、やってくるイベントをこなしていくことで精いっぱいとなります。

　まずはこうした運営方法を改革していくことが必要になるでしょう。それがいつ実現できるかわかりませんが、職能団体や学会に所属し、理事会選挙に関心を持ち、アンケート調査などが回ってきたら協力し、運営に携われる機会があれば引き受けていくことが今の私にできることであり、それが心理士の仕事を生み出していくことにつながっていくと感じています。

　改革が進むまでは、できる人が担っていくしかないでしょう。開業臨床は、ミーティングや学会等でケースを入れることができなければその分、売り上げが落ちてしまいます。そうした意味では、運営を担える力が大きいとは思いません。しかし、当オフィスのように複数の臨床を行うスタッフがいれば、オフィスを閉めずとも、動ける時間を作ることができます。営業時間や営業日なども、ある程度自分でコントロールすることができます。

　ミクロな視点では、自分のオフィスを発展させ、スタッフを雇用することで、心理士が専門性を活かして活躍できる場を増やすことができます。メゾの視点では、スタッフを雇用することで、私たち経営者が職能団体や学会に関与することができます。そしてマクロの視点でみると、そうした循環により臨床

開業臨床家が担うミクロ－マクロの役割

実践の場を持ちつつ政策等への関与ができる可能性が出てくるのではないかと
考えます。

　臨床をすればするほど、1人の臨床家が出会えるクライエントの数に限りが
あることを痛感します。またオフィスで研修やスーパーヴィジョンを行ってい
ると、本当に熱心な心理臨床家が多いことに驚かされます。その熱量が損なわ
れない環境整備を進め、熱量や力がある多くの臨床家を育てていかなければい
けないと思うのです。

　そのためには「誰か」がやってくれるのを待つのではなく、「自分が」それ
を担っていきたいと思う人を増やす必要があるのですが、私がそのように思え
たのは開業臨床を始め、大学教員というポジションについており、時間やお金
に多少の余裕を持てているからでしょう。正直に言えば、今も余裕があると実
感しているわけではありません。年を追うごとに時間に追われています。しか
し心理士として雇用されていた時代と比較してみれば、自分で業務量・時間を
コントロールでき、経済的にも少し楽になったのは事実です。多少の余裕があ
る人が動き、余裕がある人を増やす努力をしなければ、胸を張って「心理士に
なろうよ」と高校生や大学生らに声をかけることはできないと考えています。

　ただ、私のそうした思いも、多くの臨床実践家たちが職能団体や学会に関心
を持ち、それが自分たちの業界の労働環境の改革につながっていく可能性があ
ると信じてくれなければ何の意味もなしません。川口（2020）は「ごく少数の
会員が多大な労力で運営し、大多数の会員は僅かな恩恵を受けているものの相
応の年会費を払っている」というのが各団体の実態だと述べていますが、実際
は、「恩恵を受けていると感じず、多額の年会費を無駄に支払っている」とい
う感覚の方が多いのではないでしょうか（そして退会する）。積極的に関わら
なければ年会費は高いと感じるでしょう。積極的に関わる余力はないと思う方
も多いでしょう。しかし退会者が増えれば業界の改善は見込めません。入会し
ているだけでも数の力に加われます。

　労働環境の改革は来月・来年には達成されることはないでしょう。もしかし
たら私たちが臨床家であるうちは難しいかもしれません。それでも、20年、
30年前には「病院の掃除をする合間にクライエントと少し話すことから始め
る」と教えられ、「スクールカウンセラーって何？」と尋ねられていたわけで

第1部　各領域で仕事をつくる

す。決して良いとはいえなくても、「カウンセラー」として働ける場所が増えたのは、先人たちが臨床活動以外に研究活動や政治活動を行ってきたからこそだといえるでしょう。10年後の業界にも目を向けることで自分を守り、クライエントを守ることがしやすくなると考えます。

　開業臨床を始めたとき、臨床心理学よりも経営について学ぶ時間の方が多く、「なぜ自分のやりたい臨床を行うために、やりたくない経営を学ばなければいけないのか」と何度も思いました。途中、自分は経営者に移行し、他のスタッフに臨床を任せた方が楽なのではと考えたりもしました。しかし実際は、やりたい臨床をしたいから経営を学ぶのです。臨床を手放し、経営者になっていれば、臨床家であるスタッフたちともっとぶつかっていたでしょう。今、学会や職能団体の運営に携わり始めている中で「そんなことよりも臨床がしたい」「臨床の勉強に時間を割きたい」と思うことはよくあります。それでも、臨床と経営を同時に行わなければやりたい臨床が行えないように、学会や職能団体という業界の経営を臨床と同時に行っていかなければ、やりたい臨床実践は実現しないのです。

　各々の臨床現場で個々に努力を積み重ねることも大事です。そのうえで、もう少し広い視点を持ち、業界のことを考える視点は、経営者という立場になることで持ちやすくなるのかもしれません。

参考・引用文献

埴淵 知哉・川口 慎介（2020）．日本における学術研究団体（学会）の現状 *E-journal GEO*, *15*(1)，137-155.

一般社団法人日本心理臨床学会業務執行理事会（2024）．一般会務報告　心理臨床学研究, *42*(2)，204-213.

一般社団法人日本臨床心理士会（2024）．第9回「臨床心理士の動向調査」報告書 https://www.jsccp.jp/members/information/results/pdf/doukoucyousa_vol9.pdf

川口 慎介（2020）．「学会って必要か？」ver2020 JAMSTEC https://www.jamstec.go.jp/sugar/j/research/20200414/

日本学術会議（n.d.）．学会名鑑 https://gakkai.scj.go.jp/

日本医師会HP（2023）．日本医師会の概要 https://www.med.or.jp/jma/about/outline/

日本看護協会HP（2021）．https://www.nurse.or.jp/nursing/promote/situation/

末木 新（2024）．心理職の価値を高めるために、我々が政治的にやるべきこと――研究およびパブリック・アフェアーズの観点から――　信田 さよ子・東畑 開人（編）心理臨床と政治（pp. 78-85）　日本評論社

山崎 孝明（2024）．当事者と専門家――心理臨床学を更新する――　金剛出版

第 2 部

臨床心理学と心理職の未来

[対談]
臨床心理学／心理臨床学の未来をつくる
——学問の発展と社会実装について語り合う

白金高輪カウンセリングルーム 主宰 臨床心理士 ● 東畑開人
和光大学現代人間学部 教授 ● 末木新

『ふつうの相談』の意義
――歴史と統合

末木（以下、Ⓢ） 東畑さんのところに来たので、まずは2023年に刊行された『ふつうの相談』の話をしようと思います。

素晴らしいと思いました。学問には、前にあったものの上に積み重ねていくという歴史があると思います。これまでの学問的蓄積に対して著者が重要なチャレンジをしていないと読んでいてもつまりません。『ふつうの相談』では、自分の前にあるもの、これまでにつくられてきたものに対してどうしていくかという議論が前面に出ています。臨床心理学や心理臨床学といわれるもののアップデートが書かれていると思いました。

東畑（以下、Ⓣ） この20年ぐらい、あまり歴史の話をする人がいなかった気がします。外国から新しいものを持ってきて、突然オリジンが出立する

臨床心理学／心理臨床学の未来をつくる

という感じが繰り返されてきました。すると、臨床心理学はバラバラになっていったわけです。歴史がないと、いちいち一から始めないといけませんから。

Ⓢ これまでの歴史認識については、東畑さんの論文にも書かれていましたが、これをもとにこの先の学問をどうしていくのかという話が『ふつうの相談』の中で論じられています。その中から重要だなと思う図をピックアップしてきたのですが、私たちの世代は、これまでの臨床心理学とか心理臨床学の課題であった理論的なコミュニティの「分断」をひしひしと感じながら教育を受けてきたところがあると思います。そういうある種バラバラなものをいかに統合していくか。最近、年のせいかもしれないですけど、バランスを取るのが大事だと感じています。

Ⓣ 人間というものが議論では心を入れ替えにくいということだと思うんです。まったく異なる生い立ちがあり、異なる経験している人たちが現にいるという事実から目を逸らして、自分が正しいと思うことを言っても、わかりあえない。お互いに苦しい思いをしてしまう。この学問を20年以上やってきてそう思うんですよね。ですから、そういうこともあるよねといってバランスを取っていくしかない。ポリティカルな発想です。若い頃は、学問というものはもっと理性的に何かを考えて議論をして、正しい答えを出せるという幻想があったわけですが、だんだんすべてがポリティカルであると観念してきた感じが、僕にはあります。そうするともうバランスを取るしかないとなります。大人になったのか、ニヒリズムなのかわかりませんが。

Ⓢ そのバランスを取るという考え方を実現するための全体像やモデルみたいなものが今までなかったと思います。それに対してこの球体の図（図3）を持ってくるというのは、ある種のバランスを取るとか相対化しようとする試みであって、臨床心理士と公認心理師の統合やバランスを取るということを目指しているというのが伝わってきて、素晴らしいなと思いました。

Ⓣ ありがとうございます。末木さんも同じ経験をしているのではないかと思いますが、僕らが院生ぐらいのときは、学派間の隔たりが大きくて、「相手は全然わかってない」という分断が激しかったんですね。この世界観が

127

第 2 部　臨床心理学と心理職の未来

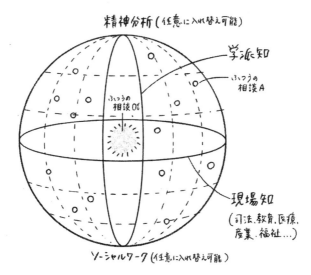

図3　ふつうの相談の地球儀
出典：東畑（2023）より。©金剛出版, yu nakao 2023

本当に公認心理師まで尾を引いていったわけなのですが。僕らの世代は、そうはいってもお互い正気の人間が真面目に考えているのだから、相手の意見にも合理性があるのではないかと考えて、学派を超えて理解を積み重ねようとしてきた世代だと思います。ですから、この図はバランスを取るという意味もありますが、お互いが行っていることを理解できるという通訳の試みでもあるという感じがします。

Ⓢ 仕方のないことですが、院生のときとか勉強を始めたときは、知識も少なく自分が教えられたものがすべてだとどうしても思ってしまいます。1つのものしか見えなくなるのですが、年を取って、もう少し勉強をするといろいろものが大事だとわかってきます。でもそれがモデル化されていない、皆の共通理念として存在しないというのは問題だと思います。

Ⓣ そのあたりは学生に教えている側の勉強が足りなかったのではないかと正直思っていますね。ほかの学派への関心が低すぎたんじゃないかと。それくらい学派へのこだわりが強い世代だったのだろうと思います。

臨床心理学／心理臨床学の未来をつくる

臨床心理学における社会実装の課題
──理論の空白

Ⓢ 僕は下山晴彦先生の研究室で、サイエンスが大事だ、エビデンスが大事だという文脈の中で教育を受けてきました。でも院生のときは生意気だから師匠に対して足りないところがあるのではないかと思うこともありますよね。

Ⓣ 破門への道（笑）。

Ⓢ 生意気ながら、私が一番足りないなと思ったのが社会課題を解決するために提供される心理的なサービスの社会実装です。研究で止まらずにしっかりとした社会実装を行うということが十分に考えられてこなかったと思います。

私が院生のときに自殺対策の国家戦略プロジェクトとして、ACTION-Jという大きな戦略研究プロジェクトが始まりました。ACTION-J は、自殺企図をして救急搬送された人に対してソーシャルワーク的な関わりを行い、その効果を研究するというプロジェクトでした。精神科医が中心となって行ったのですが、そのプロセスをみてみると、当然ですが、まず研究を行い、論文を出します。大がかりな研究なので、論文が出るまでに相当な時間かかりますが、論文を出したら終わりというわけではありません。その後何をするかというと、厚生労働省に行き、それまでにやっていた実践を保険点数化するという作業があります。保険点数をつけていかないと、儲からないのでどこの病院も行ってはくれません。だから厚生労働省に行き、きちんと政治活動をして保険点数をつける。それが終わって保険点数がついたら、今度は大規模に研修を行い、人を育てる。そこまでいって初めて実装可能な状態になります。だから研究は社会実装のずいぶん手前にある段階であって、研究を行い、予算をどうするかを解決し、人を育てるまでがワンセットなのです。そこまで行わないとサービスは社会実装されないのですが、そういう話はどこにも書いていない。

僕は、手順通りにはいきませんでしたが、自殺予防の相談事業の社会実装に関わりました。その中で、やはり研究だけをしても、相談事業は広まらないというのは強く感じていました。「論文が出て効果があることがわ

129

第 2 部　臨床心理学と心理職の未来

かった、これは素晴らしい」といくら言っても、勝手にサービスが広まっていくわけではありません。それを社会の中できちんとサービスとして根付かせていくためには、予算や人材育成まで込みで全部を行わなければならない。僕が院生のとき、臨床心理学では、こういったことがまったく行われていないところが非常に不満でした。

Ⓣ　院生のときも社会実装のことを考えていましたか？

Ⓢ　下山研究室では子どもの強迫性障害の効果研究を行っていました。東大病院でお子さんが診断を受け、薬物療法ではない手法を求めた親御さんたちが研究室の相談室にいらっしゃいます。僕らはお子さんたちに認知行動療法を行い、その効果があるのかを検証し、論文で効果について報告します。もちろん効果研究を行うのは重要なのですが、当時は、「この効果研究が終わった後に、実際にどこで誰がこれを続けてやっていくのよ？　これを続けていったら心理職の『まともな』仕事になるの？」と生意気にも思っていたのです。

Ⓣ　よくわかりますよ。それは僕にも非常に共通するところで、僕がそれに気づいたのは沖縄体験です。

　1 つは、『野の医者は笑う』で書いたように、スピリチュアルヒーラーの研究を始めたときです。最初はセラピーの中身のことを考えていました。どうやって癒すのか、ヒーラーと患者の 2 人の間で何をするのかという技術や理論のことを考えていました。でも、最も重要なのはヒーラーがそれを使ってマーケティングをしていることで、彼らはマーケティングができるようになることで癒されている。心の治療や支援の中身ではなく形式、これ自体が社会の中でどう機能するかが大事だという発見がありました。形式にこそ本質が宿っているという人類学的発想ですね。

　もう 1 つは医療の問題です。精神科デイケアに勤務して、そこで結局一番問題になっているのはお金だったという体験は非常に大きかったです。これは、従来の臨床心理学ではおそらく一番いわれてこなかったことですし、言及することは品がないと思われていたと思います。もっといえば、心をわかっていないから、そのようなことを言うのだとさえいわれていました。

130

臨床心理学／心理臨床学の未来をつくる

僕が大学院生だった頃、先生たちが言っていたのは、1つ1ついい臨床をしていけば、世間に臨床が広まっていくということでした。でも、そんなわけがない。理想論というか、つまり内的世界に関心が注がれていて、外側にある現実を軽視していたように思います。フロイト的であるがゆえに、マルクス的な現実を見失うということですね。無意識は見えても、下部構造は見えない。外側の現実には、困難や重要なことが色々あるということが無視されていました。その結果、臨床心理学は非常に浮世離れしたものになってしまった。

臨床そのものもそうですね。外（環境）のことを考えずに、内（心）のことだけ考えると、危険になるわけです。そういう意味で、僕ら専門職は外側のことを考えてこなかったがゆえに弱くなってしまったという時代を生きていると思います。ですから、外側といかに接続するのか？という末木さんの問いは非常にアクチュアルな問題です。国家資格をめぐるロビイングなども実装のために行われていたわけで、こういったことを論文で書いていった方がよいのではないかと最近思っていますが、上の世代はそういう活動は学問的に扱えるものではないように思っていたとおっしゃいますね。

Ⓢ ロビイングすることは一番の優先事項ではないにせよ、非常に大事ですよね。

Ⓣ これは理論的な問題です。まず、おそらく外側のことを考えるということが臨床心理学の中にうまく位置づけられていない。臨床の内側のことについては雄弁ですが、雇用をつくることはただの余技みたいになってしまっているのが悲劇です。

Ⓢ 外側を整えることが不十分だったことが端的に現れているのがこの図（図4）です。これは下山先生の『講座 臨床心理学』の臨床心理学の全体像を示していますが、研究活動から規約と法律（社会）への点線の矢印が足りないと思っています。いい実践、いい研究を行っていれば、そのまま社会に実装されるわけではない。そのリアリティみたいなものが足りないのです。いい研究を行うところまでは当然で、さらに社会実装していくためには、法律、予算、閣議決定文書が必要だというのが現実です。それがあり

131

第 2 部　臨床心理学と心理職の未来

ません。

でも、ないと言っていても仕方がない。社会の中にどう位置づけていくかをもう少し本などで書かないといけない。僕は、医師が研究で止まらずに保険点数をつけるところを見ていましたが、社会実装には色々なやり方があると思います。心理の場合は、保険点数という医療だけの話ではなく、福祉はどうなのか、教育はどうなのかというように、さまざまな領域の中で各々のやり方があると思います。行政との関わりが薄い領域では、市場の中でどう自らを位置づけていくのかということも考えていかないといけない。そういうことを行っている人を探してこの本をつくりたいと思いました。

Ⓣ　いいですね。素晴らしい。
Ⓢ　この書籍には、色々な組織の代表や社長といった人が連なっていますが、上で述べたことを行っている人をお呼びしました。今回執筆いただいた先

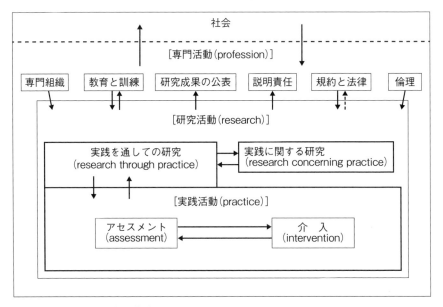

図 4　臨床心理学の全体構造
出典：下山・丹野（2001）より改変。研究活動から規約と法律への点線の矢印は加筆。

生方の領域は、もちろん心理の領域ではありますが、いわゆる心理職ではない方も多くいらっしゃいます。いわゆる心理職ではない人たちから見習うべき点が心理職には多くあると思うからです。

Ⓣ 僕は、「ありふれた臨床」研究会という研究会を主宰していて、研究会の中で LINE グループを作りました。LINE グループのサブグループが無数にできるのですが、その中にできたのが人員増のためのグループというものでした。そのグループの目的は、病院の中で心理職を増やすためにはどうしたらいいの？ということです。今まで人員を増やした経験のある人が、そのグループに入り、職場に非常勤を増やすにはどうすればいいのか色々とアドバイスをするということがこの前ありました。保険点数が一番マクロな話だとすると、病院の中で人を 1 人増やすというのは非常にミクロな話ですが、構造的には同じです。お金を稼げるという観点で勝負するとなかなか難しい。なので、異なる観点から、どう価値化していくか、その組織におけるステークホルダーたちは誰なのか、そこにどういうロジックで働きかけるのかといった知恵がそのグループではシェアされていました。その結果、実際に人員が増えたらしいです。こういったことは、ティップス、豆知識、ライフハックのレベルで語られていますが、もう少し理論的な抽象度を上げ、そこからまた技法が出てくるまで洗練されるといいかなと思いました。ただ、そこまでは案外難しいですね。基礎理論がないので、理論にするのが非常に難しいです。

Ⓢ 例えば組織で人員を 1 人増やすといった非常に小さい話でも、それを多く行っていかなければ心理職が稼げないという現状は変わりません。

Ⓣ そうです。

Ⓢ 結局は、その積み重ねが大事になってくると思います。

世代性を考える
——河合隼雄、下山晴彦の臨床心理学パラダイムを再考し、
新たなパラダイムを創造する

Ⓣ 不思議なことですが、僕らは今まで話してきたような外側のことを考えてきた世代だと思います。なぜなのだろうと思います。上の世代にはあまり

第 2 部　臨床心理学と心理職の未来

この問いがないですよね。

Ⓢ　そうですね。

Ⓣ　かつてあれほどよかった臨床心理学が弱体化しつつある。これをなんとか
せねばならないみたいな使命感が僕の中にあるんですよね。勝手な意気込
みかもしれないのですが、河合隼雄や下山晴彦の頃の臨床心理学はやはり
元気だったし、現代においてそれをどうすれば再興できるのかという問題
意識が僕にはある。

Ⓢ　私自身は下山先生の思想の元で育ったので、サイエンティスト‐プラク
ティショナーモデル（科学者‐実践家モデル）を中心に考えてしまうわけ
ですし、公認心理師もそういう志向性が強いのですが、サイエンスはそれ
単体では徹底できない。結局、研究を行うにもお金が必要です。臨床心理
学においては研究と社会実装は両輪なので、研究でわかったことをどこで
実行するのか、社会実装のための「人・物・金」といった兵站をどう充実
させるのかをもっと真剣に考えなければなりません。

Ⓣ　でも、僕らより若い世代になると、もっと個人個人が生き延びることに必
死になるので、そこまで考える余裕がなくなっているように感じます。

Ⓢ　ないですかね？（笑）

Ⓣ　あまり歴史が共有されていないのかもしれないですね。若い世代になるに
つれ、現状がデフォルトになるというのはあるかもしれません。いや、ま
あそもそもこういう社会化の問題は中年期的な発想だからというのもある
かもしれない。若い世代も年を取るとこういうことを考えるかもしれない
ですね。でも、僕らより上の世代はあまり社会化を考えていないように見
えますね。臨床心理学バブルの時代を生きてきたというのはあるかもしれ
ないですね。

Ⓢ　僕らは 83 年生まれじゃないですか。物心がつく頃にバブルが弾けて、そ
の後の失われた 30 年からしか意識がない。ずっと不況だし、縮小してい
く世界でしか生きていない。そういうことが関係しているのでしょうか。

Ⓣ　そういう意味では僕らは挟まれている世代ですね。豊かな社会と貧しい社
会の間に。で、学恩なのか、愛着なのか、復古主義的なところがあるのか
もしれない。

134

臨床心理学／心理臨床学の未来をつくる

開業と行政分野における社会実装の違い
──臨床実践の概念の拡張、行政への働きかけ

Ⓢ 開業も無関係ではありません。行政的な色合いが強い部分での社会実装の
やり方と、開業のような税金が入っていない領域、市場を中心とした領域
における社会実装のやり方は、やはりまったく異なると思います。もちろ
んすべてではないですが、東畑さんの行っていることをより多くの人が
行っていった方がいいのではないかと思います。

Ⓣ 僕は、臨床実践の概念を拡張して考えています。部屋の中で行っているこ
とだけではなくて、部屋を準備することも臨床実践である、その部屋にク
ライエントが来るように整備することも臨床実践である、というふうに。
これは、従来心理教育という文脈で語られていたと思います。そういった
意味で、オンラインセミナーを行うこと、本を書くこと、Twitter（X）に
ポストすることも臨床実践に当てはまります。

　僕がむしろ末木さんに聞きたかったことは、非力な私たちがこの社会にど
う挑んだらよいかということです。無力感もあるんですよ。社会は複雑に
なりすぎて、それを官僚制が統治しています。大学などもどんどん官僚
的、行政的になっていく。そういうパブリックな場所に臨床心理学の場所
をつくっていかないといけないというのは、明確に僕もわかってはいるの
ですが、その一方で途方もない気持ちになってしまいます。社会というの
は変えるのが難しいです。そこにノウハウもなく非力な私たちが挑んでい
くわけなので、弱気な気持ちになってしまう。対照的に、開業分野、マー
ケットというのは、比較的開拓しやすい場所だと思うんですよね。

Ⓢ 本当ですか？

Ⓣ やはりいい商品があれば戦えるのがマーケットではないでしょうか。行政
というのはそういうことではないだろうと考えます。行政というところに
食い込んでいくためのテクニックの1つ1つはわかります。例えば、陳
情に行く、ロビイングをするということはわかります。ただ、僕の中に非
常に無力感があります。例えば、そういったテクニックを実践できる人が
多く出てくるといいのだろうなとは思うのですが、ではそういう人をどう
やって育てるのか、そういった知はどのように共有され、どのように人材

135

第 2 部　臨床心理学と心理職の未来

の組織化がされていくのかといったことを考えると、やらなければならないことが非常に多くあり、途方に暮れる気持ちになってしまう。そのあたりはいかがですか？

Ⓢ　どうやって育てるかは正直わかりません。とはいえ、労働環境の悪化に伴い少し前から霞が関から人材が流出しています。例えば、その霞が関を辞めた人たちの多くが、陳情といった行政の枠組みの中に何かを食い込ませるためのビジネスを行っていることも事実です。

Ⓣ　なるほど。

Ⓢ　はじめからそういうノウハウを持っている人たちが裏で活躍しているケースが色々あります。東畑さんは臨床を行っていると社会が動くところ／環境調整の勘所がわかるようになるといいますが、ロビイング等のノウハウがある人たちはたぶん国家や公的なものを動かすための勘所がわかっているわけですね。

Ⓣ　そこが社会の関節だ。

Ⓢ　ここはいけるというノウハウが、ある人にはあります。自殺対策でもノウハウを持っている人がいて、そういう人たちの力が発揮されて政策が充実してきているという側面が強いと思います。例えば 2006 年に自殺対策基本法という法律ができた。そして厚生労働省できちんと予算がついたのは 2016 年です。たしかに時間はかかっているのですが、このような変化を起こすために地道に社会に働きかけている人たちがいます。今では自殺対策予算が年間 30 ～ 40 億円程度つくようになり、公的組織の資金あるいは都道府県単位の自殺対策費として使われています。ノウハウがある人たちにはあり、できる人たちが一部いる。ソーシャルセクターの中にも一部そういったことを熟知している人がいます。

　　ただ、そこに心理学はおそらく現在十分に食い込めていないし、それを行う人が出てきていない。誰かがきちんと行わないといけない。スクールカウンセラーの制度ができてもう 30 年近く経ちますが、それ以降パブリックな心理職の仕事で大きなものはできたのでしょうか。確実に子どもは減るので、今後スクールカウンセラーの予算が増える可能性は低い。いかに縮小させないかといった撤退戦のようなものしかあり得ないのではないで

臨床心理学／心理臨床学の未来をつくる

しょうか。新しい社会課題に対して新しいサービスをつくり、増やしていかないと待遇はよくならない。スクールカウンセラーは大事ですが、それだけに頼っていたら厳しいと思います。

Ⓣ 僕らがロビイストになるというよりかは、ロビイストをきちんと使えるような準備を整えていくということですね。

現場のための心理学
──研究と実践をつなぐための研究モデル、研究のその先を考える

Ⓣ とある現場の話で、末木さんにお願いした仕事があります。その現場での心理職の仕事の成果をパブリックな形で示すためのコンサルテーションです。要はエビデンスを何によってつくるのかという問題ですね。あのときに心理学、実証的な心理学はやはり熱いなと思いました。研究のための研究ではなく、現場から要請された研究というものがあって、それは臨床を支えるということです。現場で行われていることの価値を測定するという研究の役割です。心理学は、形のないものを測定するための学問として発達していて、その結果としてその測定されたものが行政を動かしたり、議員を動かしたりする。そういう実証的な心理学の強さをこの前感じました。今後の基礎心理学には、現場の要請を受けて行うという方向性があるのではないかと思います。そのあたりについて末木さんはどう思いますか？

Ⓢ あると思います。僕がこの10年間行っていることは、自殺対策相談事業の効果みたいなものを目に見える形にしていくことです。

Ⓣ それはなんと言ったらいいのでしょうか？　世間一般でいう研究という言葉の定義とちょっと違うニュアンスがあるような気がします。

Ⓢ そうですかね。

Ⓣ 小学生とか中学生で考える研究は、魔術師みたいな研究者が問いを抱き、実験を行い、求めていた何かを見つけるといったモデルですよね。大学生の時点での僕も基本的に研究をそのように理解していました（笑）。ただ、末木さんがしているのは、実際には、何か謎を解き明かすとか、何かを開発するという側面とまた異なる、効果を測定するという研究のありよ

137

第 2 部　臨床心理学と心理職の未来

うで、それは現実を動かす力になるなと感じた。

Ⓢ 私がやっているのは、開発したサービスがきちんと機能するかどうかを検証するということですかね。

Ⓣ ああ、なるほど。

Ⓢ 開発を行い、とりあえず小さくやり始めてみて、それがきちんと動いているかを検証する。例えば、検索機能を使って自殺リスクが高い人をスクリーニングするということでいえば、それがきちんと動いているか、スクリーニングできているか、本当に危険性が高い人が来ているかを研究して見える化するということです。そうすれば、きちんと動いているかがわかります。そして、次にリスクの高い人たちに対して介入する方法を開発して、その成果を検証する。例えばメールのテキストだけの介入で相談者の死にたい気持ちが減るのかを検証してきました。

Ⓣ そういったことは、臨床心理学の学部や大学院におけるカリキュラムにおいて、きちんと位置づけられているのでしょうか。僕が受けた心理学の教育では、自分の興味関心を深めていくのが研究みたいに教えられていた気がします。研究の社会的意味といったことが僕もずっとわかっていなくて、関心を追求していくと、真実に至り、面白いことがあるといった非常にナイーブな研究観ですね。でもそれは間違っていたのではないかというふうに思っています。末木さんの行っているような研究、社会のある種の役割を果たす研究といったコンセプトは非常にいいなと思います。僕もだいぶ大学から離れているので、最近の研究業界の動向がよくわからないのですが、そういった研究の意味は理解されているのでしょうか?

Ⓢ 私が受けてきた教育は、いわゆる基礎心理学の実験を基礎とした効果研究の枠組みであり、下山先生や丹野義彦先生らが提唱した実証性重視の臨床心理学の系譜にあります。ただ、今の公認心理師の教育課程を見てみると、このカリキュラムだけで効果検証までできるような心理職が育つかというと、少し危ういと思っています。学部では心理学実験や各種の研究法を教えます。でも、修士に進んだときに、必修の研究法に関する授業がない。これは非常に問題で、学部レベルの教育では効果検証をできる人が十分に育たないと思います。

臨床心理学／心理臨床学の未来をつくる

Ⓣ 僕としては、基礎心理学の研究者が、臨床現場からの要請に応える研究を行ってほしいなと思います。

Ⓢ 基礎系の心理学の研究者は、こうしたことにあまり興味がないのではないでしょうか。

Ⓣ そうですよね。このことに関して、僕は批判的な立場です。それならば、公認心理師のカリキュラムから撤退すればいいのではないかとすら思います。心理職の養成に関わり、そのことでポジションを得たステークホルダーになった以上、自分の好きなことだけを研究するのでは社会的責任を果たしていないのではないかという問いです。基礎心理学の研究者たちの教え子たちが公認心理師として働いていくわけですから、彼らの仕事をつくったり、支えたりするような責任があると思う。これは基礎心理学に限らず、臨床心理もそうだと思うのですが、大学の研究者はもう少し真剣に受け止めた方がいいのではないかと思います。社会のために研究をすることですね。とりわけ基礎心理学の人たちには現場の要請に応える研究を行う技術と能力があると思うので、それをぜひ現場のために役立ててほしい。

Ⓢ 基礎心理学の研究者は、持てる能力としてはこうしたことができると思います。現状、興味を持ってくれる方がどの程度いるかは心もとないですが……。

Ⓣ でも、そういう研究は楽しいと思うんですよね。学会誌に論文を載せること以上に、現場の人たちがそれらの研究で支えられ、クライエントたちの助けになる方が、職業的満足度としても高いのではないかと思う。そこにはより社会とインタラクティブな研究人生があるわけです。

Ⓢ たしかに、そういった側面はあると思います。公認心理師カリキュラムにはある種のいびつさがあり、それを軽減する方法の 1 つになり得ると思います。

Ⓣ これは言いにくい問題ですか。

Ⓢ 大学によると思いますが、公認心理師志望の人の割合が僕の在籍している和光大学だと高い。総合型選抜の面接で志望動機を聞くと、スクールカウンセラーの人に助けられて、自分もスクールカウンセラーなりたいですと

139

第2部　臨床心理学と心理職の未来

いったことがよく語られる。自分も公認心理師になって、スクールカウン
セラーになりたいという人が多く入ってくるわけです。そういった状況の
中で、公認心理師カリキュラムは重責を担っています。その中で教えてい
る基礎系の心理学の研究者も、公認心理師の養成に関わっていき、公認心
理師が社会に定着するように努力しなければ、いずれ公認心理師を志望す
る人がいなくなり、学科の入学定員も満たせなくなり、その人たちのポス
トも消失します。

Ⓣ　スクールカウンセラーになりたい人が卒業論文で大学生に対して質問紙を
とって、心理学研究の作法に則って卒業論文を書くというよりは、どこか
の現場に行って、そこで取れるエビデンスは何なのだろうと考えて、指標
化するのを卒業論文指導の先生と一緒に行えたら、就職した後も役に立っ
ていきそうですよね。

Ⓢ　そうですね。

Ⓣ　サイエンティスト‒プラクティショナーモデルといいながら、サイエン
ティストの人たちがプラクティショナーなことを考えずに、サイエンティ
ストなことばかりを行っているのではないかと僕は強く言いたい。このあ
たりは今後基礎心理学の人と議論していきたいと思いますね。大学という
のも結局は社会の一部なわけで、研究者が社会的視点を失うときには大学
そのものが社会から見放されていきます。

Ⓢ　基礎系の心理学の研究者はサイエンティスト‒プラクティショナーモデル
については特に考えていないのではないでしょうか。

Ⓣ　いや、基礎心理学の研究者はモデルを念頭に置いているはずです。実際、
公認心理師をそのモデルで設計してきたわけですから。もちろん、基礎心
理学の研究者は自分のことをプラクティショナーとは考えてはいないと思
いますが、サイエンティストの部分が臨床の基礎になると考えていると思
うわけです。というかそういう建前で心理学科は今つくられている。で
も、基礎系の人が全然臨床を知らないんですよ。どのような意味でサイエ
ンスが役に立つのか、理念ではなく、現場レベルでちゃんと考える責任が
あると思います。制度設計をそのサイエンティスト‒プラクティショナー
モデルで行いたいというのであれば、そのサイエンスがプラクティスとど

140

臨床心理学／心理臨床学の未来をつくる

ういう関わりがあるのかを真剣に考えないで制度設計することは、問題ではないかと思う。僕はこの点についてはかなりラディカルな立場だというのは自覚していますが。

Ⓢ 研究による効果の見える化というのは、基礎系の先生方が関わる科目の中で臨床にダイレクトに役に立つ部分の1つだと思います。実際問題、公認心理師のカリキュラムの中で、認知心理学の知識みたいなものがどこまで臨床に役に立つのかという話になると、そこまでを意識したカリキュラムや授業構成になっているわけではないと思いますので。

Ⓣ そうですよ。認知療法と認知心理学はほぼ関係ないですからね。

Ⓢ 認知心理学の知識を知っていたからといって、認知行動療法をできるわけじゃない。でも間違いなく基礎系の心理学の中で使われる研究方法、心やその変化を見えるようにするための手続きや考え方は、絶対に役に立ちます。公認心理師がそういったことをできるように、基礎系の心理学者が公認心理師を育てていく未来を想像します。

Ⓣ そう思う。

Ⓢ 繰り返しになりますが、現状のカリキュラム上では、たぶん修士の部分でうまくいっていないのではないかと思います。実際は大学院によってさまざまだと思うのですが、研究法の科目は公認心理師のカリキュラム上の必修科目ではありません。結局必修科目ではなかったら、実習などで忙しい学生は受講に消極的になってしまう。

Ⓣ 教員は実習巡回に行っていますよね。それはある種の雑用になっている側面もあると思いますし、僕も実際雑用だと当時は思っていました。でも、基礎心理学の研究者たちが実習巡回に行って、現場を見て、そこでのニーズを可視化していくみたいなことは社会全体にとっても非常によいことなのではないでしょうか。研究をどう社会実装に持っていくかという末木さんの問いはもちろん大事です。ですが、むしろ研究側が社会の要請を受けて研究を行うという回路がもう1個できると、両車輪になっていいのではないかと思います。基礎心理学者の研究活動が臨床を支えることができるという自覚が大事です。ここが理解されていないと思います。

Ⓢ その循環がうまくできてくるといいですね。もう少し基礎系の心理学の研

141

第 2 部　臨床心理学と心理職の未来

究者も近づいてきてくれると、心理学がそれこそ本当に一体になる。その
ときに公認心理師のカリキュラムに意味が出てくるという部分はあると思
いますね。

Ⓣ 臨床の人と基礎の人の議論も面白いと思います。その視点で両者が話し合
うと、成果とは何かというとても本質的な話になります。公認心理師カリ
キュラムは、結局大学のポストを得るための装置になってしまった側面が
あるわけなのですが、もう国家資格もできたわけですし、もう少し本質的
な議論がこれからできるのではないでしょうか。

Ⓢ 研究の先という部分を今誰も教えていませんし、本当に議論がないですよ
ね。

Ⓣ それを行っているのは、僕の知っている限りでは末木さんと伊藤正哉さん
ぐらいしかいません。研究そのものが社会的介入であるという視点です
ね。例えば、自殺対策や医療における認知行動療法は、出発点からしてす
でに社会的なテーマを扱っていますよね。多くの卒業論文、修士論文や研
究で、特に末木さんの行っているような実証研究をしていくときに、その
先がある研究を皆さんどれほど行っているのかという問題もあると思いま
す。

Ⓢ 全員がそういった研究を行わないといけないわけではありませんが、もう
少し社会課題に目を向ける必要があると思います。結局、社会課題の解決
にしか予算はつきません。

Ⓣ そして、これはクリエイティブな領域だと思うんです。「ありふれた臨床」
研究会は、いわゆる面接室の中にある臨床ではないものを扱っていこうと
いうコンセプトです。日本の臨床心理士の中には、社会から要請があって
やむを得ずやり始めたことが専門になった人たちが大量にいます。例え
ば、自衛隊に心理職として採用され入ってみると、自衛隊特有のカル
チャーの中でどのように心理支援を行うのかを考えることになる。臨床心
理学全体の中ではこういったことは問題設定にもあがらないわけですが、
ここには非常に新しい問いがあるわけです。社会に問題が生じると、心理
職が呼ばれる。そこで心理職は新しいことを試行錯誤する。ここに新しい
知が生まれる。芸能界で性加害問題が発覚したときにも第三者委員会に心

142

理職が入り、震災があれば心理職が被災地に入ります。それが臨床心理学の本質だと思います。僕らは時代を後ろから追いかけていく学問です。そして、そこにクリエイティビティがある。新しいことを考える余白がある。

Ⓢ 非常に大事なことなのですが、なぜあまり多くの人が関わっていっているように見えないのか。もっと多くの人がこうしたことに関わっていくためにはどうしたらよいのでしょう。

Ⓣ それはかつての教育の限界があったと思います。面接室の中でカウンセリングを行うのが本流で、それ以外の仕事は余技であるという感性があるんですよね。僕は『居るのはつらいよ』という精神科デイケアの本を書いていますが、最初は僕も精神科デイケアを余技だと思っていたのですが、だんだんそれ特有の面白さに目覚めていった。人と人とが一緒に居ること。これはすでに多くの心理士が知っていたことなのだけど、書かれたことがなかった。だから、新しい理論とか技術を考えるより、目の前にあるリアリティ、社会的課題のリアリティを書くことそのものが非常にオリジナリティのあることになっていると思います。

Ⓢ 本当にそう思います。大事なことをやっていても、それが大事だ、意味があるということをうまく主張、説明できる回路がないのです。

公認心理師養成課程について
——現場に役立つ研究法、臨床と研究の協働

Ⓢ その説明や主張の方法にはさまざまなものがあり、東畑さんが行っているような執筆もそうですし、教育という面では、科学的な研究が据えられているわけですが、公認心理師カリキュラムの「大学院における必要な科目」（表4）には、研究法がありません。

Ⓣ これがよくないですね。

Ⓢ 必修ではない科目で研究法関連の科目を置いても学生は履修しづらい。学生は、必修科目を落とせないし、実習も大変で、修士論文もあるので、余計な科目は取らない方がいいとなります。研究法の基礎がなければ、研究をして効果を見える化し、社会実装を行うレベルに至るのはやはり厳しい

143

第 2 部　臨床心理学と心理職の未来

でしょう。

Ⓣ 大学院の科目の 1 から 5 がよくないのではないでしょうか。6 から 10 は理論的な話ですが、この 1 から 5 の立て方は、単に現実をなぞっているに過ぎず、官僚的な発想でよくないなと思います。これを 2 科目ぐらいにしたらいいんじゃないか（笑）。とはいえ、空いた科目に研究法を入れたからといって現場の役に立つかは未知数です。つまり、現場で役に立つ研究とは何かという問いについて十分考えられていないので、まずはそういった学問分野を頑張って成立させないといけないのではないでしょうか？

Ⓢ 単純に心理学の研究法を持ってくるのではなく、現場に役立つ研究法を教えることが大学院教育の中で必要かもしれないですね。

Ⓣ 面白いと思います。例えば、どこかの分野に実習に行き、そこでの効果を何で測定するかといったことを、1 年通じて全体でディスカッションする。そういう授業があったら、面白そうですよね。

Ⓢ なるほど。公認心理師の養成課程では、必修になっているので実習に行きます。大学院によって異なるかもしれませんが、和光大学では保健医療、福祉、教育、司法・犯罪、産業・労働の全領域の現場に実習に行きます。現場実習に行くと、学生は事後レポートを現場に出します。そのレポートの中には、こういうことを学びましたといったことが書かれます。学生のレポートを読んでいると、基本的に自分のことしか書かれていない。例えば、自分の技術のどういう点が足りないとか、現場に行きこういうところが足りないからこういう勉強しなければいけないとかいったことが書かれています。そこに、研究法といったものをつなげる実習科目があった方が面白いですし、できそうだと思います。

Ⓣ サイコロジストのキャリアの中で 35 歳を超えて現場の管理者になってきたときに、そういった授業の経験が活きてくるのだと思います。長いサイコロジストのキャリアを考えると、現場に役立つ研究法を入れた方がいいのではないでしょうか？

Ⓢ 管理職になると必要性がわかるが、若いうちはそれほど研究法を必要だと思えないという問題がありますね。

144

臨床心理学／心理臨床学の未来をつくる

表4 公認心理師試験受験資格に必要な大学と大学院の法定科目一覧

大学における必要な科目	大学院における必要な科目
1. 公認心理師の職責	1. 保健医療分野に関する理論と支援の展開
2. 心理学概論	2. 福祉分野に関する理論と支援の展開
3. 臨床心理学概論	3. 教育分野に関する理論と支援の展開
4. 心理学研究法	4. 司法・犯罪分野に関する理論と支援の展開
5. 心理学統計法	5. 産業・労働分野に関する理論と支援の展開
6. 心理学実験	6. 心理的アセスメントに関する理論と実践
7. 知覚・認知心理学	7. 心理支援に関する理論と実践
8. 学習・言語心理学	8. 家族関係・集団・地域社会における心理支援に関する理論と実践
9. 感情・人格心理学	9. 心の健康教育に関する理論と実践
10. 神経・生理心理学	10. 心理実践実習（450時間以上）
11. 社会・集団・家族心理学	
12. 発達心理学	
13. 障害者（児）心理学	
14. 心理的アセスメント	
15. 心理学的支援法	
16. 健康・医療心理学	
17. 福祉心理学	
18. 教育・学校心理学	
19. 司法・犯罪心理学	
20. 産業・組織心理学	
21. 人体の構造と機能及び疾病	
22. 精神疾患とその治療	
23. 関係行政論	
24. 心理演習	
25. 心理実習（80時間以上）	

出典：厚生労働省（2017）より。

Ⓣ でも、大学で学ばないと二度とできない。

Ⓢ 必要性を感じてから学習できる環境があるとよいかもしれません。

Ⓣ 大学の先生は、20代の人しか相手にしていないからわからないのではないでしょうか。30代後半から40代になり、例えば現場のチーフを務めるようになった人たちは、皆さん現実をデータ化して、分析し、説得力を持ったレポートを出す方法を切実に求めるようになります。大学はそうい

第 2 部　臨床心理学と心理職の未来

うものをサポートできると思うんですね。大学と現場の臨床の関係はコラ
ボレーティブであるというふうに再定義しなければなりません。しかし、
大学教員と現場の心理職の 2 つの勢力のあいだには生産的な交流がない
ように思えます。

Ⓢ　この断絶はなぜ生まれたのでしょうか？

Ⓣ　この 40 年の間に研究がいかに現場の臨床にとって無力だったかというこ
とでしょう。

Ⓢ　そうですね。

Ⓣ　例えば、大学教員は現場で科学的な批判的思考ができることは大事といっ
て、心理学を学ぶことの意義を語るんですけど、現場に出ていたら科学
的、批判的思考をするのが当たり前なんですよね。書物や数字を相手にす
るんじゃなくて、人間を相手にするわけですから。おかしなことを言って
いたら、クライエントは来なくなります。だから、そこじゃないと思うん
ですよね。心理学はいかに現場の役に立つのかということを、もっとプラ
クティカルに考えて、言語化し、方法論化していく必要があります。

Ⓢ　数量的な研究が大事という割には現場でそれがどうやって役立つのかとい
うところまでは教えることができていない、ということだと理解しまし
た。ただそういったことができる人が臨床心理学の領域でも一定数育って
きてはいるという希望もあるとは思います。日本心理学会の研究法関連の
ワークショップでも、臨床系の方が講師を務めているところをよく見かけ
ます。僕たちと同世代か少し若い世代では着実に育ってきています。現場
と自分ができる研究のマッチングがもう少しできるようになると、数量的
な研究が現場でどう使えるのかがわかるようになる。そういったことが今
までは足りなかったのかもしれません。

Ⓣ　ですから、末木さんと僕は基本的な意見は一致しているんじゃないかと思
います。つまり、臨床というものを可能にするために、社会にいかに介入
するかが大事であり、そのために研究するとか本を書くとか知的な営みは
役に立つという点で一致しているのだと思います。ただどうやったらそれ
を実現できるのかとなると、僕は無力感がある。末木さんが行ってきたこ
と、行っていることをもっと書いてほしいと思うんです。研究は社会を小

146

臨床心理学／心理臨床学の未来をつくる

さく変えられるんだと。同じように、職場で人を増やした、あるいはスクールカウンセラーの予算を獲得したという経験が書かれていき、学問的に共有されるといいと思っています。

Ⓢ 一部はこの本の中に書かれていると思います。色々な領域で、社会課題の解決に向けて今新しいサービスを立ち上げている方たちが書いてくれています。

Ⓣ いいですね。僕らの世代は経営者的な仕事をしている人が多いと思います。新しい仕事をつくっていかないといけないからですね。社会に働きかけるというのは、事業を行うということです。事業的臨床心理学といったものがある気がします。僕自身も小さなオフィスを経営することに心血を注いでいます。ただ、僕は根本的には学問が好きなんで、社会を変えるよう努力するのも大事ですが、最終的には学問が豊かになる方に興味がある気がしていますね。

Ⓢ 学問に関連するものが豊かになっていくときに、今後は、会社をつくり、経営もするといったことがないとおそらく研究ができなくなっていくのではないでしょうか。自分の感覚からすると、大学にいても、現場のデータが取れないので研究ができない。社会とつながった問題、テーマ設定で研究を行う際には、大学で大学生を調査協力者として質問紙を配っていても社会に直結する研究はできない。

Ⓣ 僕もそうだと思います。

Ⓢ 青年心理学みたいな領域だったらいいですが、少なくとも臨床心理学の発展という場合には、大学生を調査協力者として質問紙をとっていても仕方がないという部分は正直大きい。その限られたデータで何ができるのか、学問の発展につながるのかには疑問があります。では、どこからデータを取ってくるのかとなると、現場に介入するためのサービスをつくり、事業を展開する必要が出てくる。そしてそこで取れたデータを利用して、研究をする。臨床心理学の発展のために事業展開と研究をきちんとつなげるような回路が必要です。

Ⓣ それは結構考えていて、そして自分の限界を感じているところです。僕は、週末は各地で講演を行う仕事をしています。SNS とかでは言わない

147

第2部　臨床心理学と心理職の未来

ので、ほとんど知られていない活動だと思うんですけど、例えば、地方の心理士会は呼ばれたら必ず行くし、子ども食堂の地域の連絡会や保護司の集まりのような臨床的な団体から呼ばれると極力行くようにしてきました。というのも、そうやって話をして、懇親会に行くことで、世の中には多様な臨床や支援があり、多様な苦悩があるのを知れるからですね。

ただ、いつも惜しく思うのが、僕が仮にプロデューサーのような「大教授」で多くの院生が自分の研究室にいるとしたら、自分の院生を講演した場所にフィールドワークのために派遣して、1つの大きなモノグラフを書かせるということができると思うんです。現場は言葉を求めていて、できるかぎりのデータを提供しようという構えがあります。例えば、保護司の世界をフィールドワークして、そこでの成果を実証的に明らかにすることなんかができると、保護司たちも喜びます。社会には多くのデータがあり、そのデータをどう扱っていいかわからない人たちが多くいる。こういうデータをきちんと取り扱って、彼らの社会的な活動の価値をきちんと世に問うことは非常に大事だと思うんですよね。でも、僕は町の開業カウンセラーなのでそういうことまで手が回りません。こういうことを惜しく感じるのですが、心理学という学問に対する社会からのニーズがあるということですね。こういったことがもう少しビジネスになるといいのだろうと思いました。ある種のコンサル業ですね。実証的なデータをとり、活用し、形にしてロビイストにつないでいくという段階がある気がしています。

Ⓢ　あると思いますね。

Ⓣ　つまり末木さんの持っているようなスキル、数値にして実証するというスキルには社会的価値があると思う。そして、そういう仕事は非常にクリエイティブで面白いのではないかと。

Ⓢ　そういったことができる人は育ってきていると思います。臨床心理学においてエビデンス、実証主義が重視されるようになってから教育を受けた人たちが、少しずつかもしれないですが育ってきています。

Ⓣ　そういう人たちが大学で消耗しないで生きる別のキャリアがあってもいいのではないでしょうか。

Ⓢ 今はないですね。そういうキャリアをつくっていけるといいのでしょうけど。

出版による知の創出
——属人性と組織性の狭間で

Ⓢ 少し話を変えますが、こうした説明を行う場として、論文や本、つまり出版があると思います。

Ⓣ 出版のうちでも特に本については、おそらく末木さんと僕では立場が違うだろうなと思います。僕は本というメディアは非常に個人的なものだと思っています。個人というものが際立ち、パーソナリティがにじみ出て、名人芸的なところがある領域です。僕はこれを非常に大事にしています。臨床心理学の1つの側面として属人性があると思うからですね。末木さんが下山先生という属人的なものへの愛情と憎しみの中で生きているように、僕も個人的なつながりの中で教えてくれた先生やその先生である河合隼雄に対する愛情と憎しみがあり、そのエディプスコンプレックスによって僕の学問が駆動されています。このとき、本というのは、非常によいメディアで、今後絶えることのないクリエイティビティの源泉だと僕は理解しています。一方でおそらく末木さんが考えていることは、もう少し組織的な話だと思います。属人的なものではなく、組織で物事をいかにやっていくのか。そのときに本というメディアの意味は何なのだろうかという問いなのかと思ったのですが、どうでしょうか。

Ⓢ そうですね。たくさん出版されているようで、実は本を書ける人は非常に限られています。いわゆる数量的な研究で論文を書いている方が、先ほど述べたような現場で行っていることの意味や価値を数値として見えるようにする際に、手続きがわかりやすく、誰でも行えるという側面が強いのではないかと私は思っています。私の個人的意見かもしれないですが、東畑さんが今本の出版でできていることを、次の世代の人ができるのでしょうか？

Ⓣ 難しいですよね。「書く」という行為は非常に属人的なものです。研究会をしていても、発表内容が面白いから論文にしようと持ち掛けますが、や

第 2 部　臨床心理学と心理職の未来

はり時間もかかるし、論文にまでたどり着くのは難易度が高いです。

Ⓢ なぜなのでしょうか。本というメディアで書く力、社会に働きかける力というのは、どうも継承されていかない感じがしています。

Ⓣ やはり書く訓練をする環境には、大学院というものが必要な気がします。周りが書いていて、なんとなく書かなきゃという雰囲気と、小さなノウハウが日常的に伝達される環境ですね。

Ⓢ 社会に働きかけることができるというレベルで考えると、河合隼雄のあとにどれほどの空白期間があったのかと思うのです。本を書くことで社会に臨床心理学的な働きかけができる、そういう人が継続的に輩出され続けるのならよいと思います。ただ、教育方法もよくわかっていませんし、どのようにそういう人が生まれてくるのかもわからない。

Ⓣ かつては「大教授」と呼ばれる人たちがいたと思うんです。「大教授」は、何々君は統合失調症をテーマに、何々君は精神分析を選ぶといいといった問題を付与して解かせていく。この「大教授」が消えたという問題があるんじゃないかと思います。今は皆が「小教授」というか、個人的な研究者になっています。自分の研究は行っているけれど、業界全体の問題設定をつくり、アジェンダをつくるという営みがなくなったのが大きいのではないかと思います。もう 1 つの問題は、大学が、書くことができる人を育成していくという役割を果たせていないことじゃないかと。今は大学教員自身が書くことにそれほどインセンティブがないですよね。仕事が行政的になって、それを遂行することが徳目になっていますね。

Ⓢ それと比較すると、数量的なものの方が、手続きとかやり方という観点で、教えやすいし、継承していきやすい。例えば、この十年ぐらい NPO と一緒に行っている研究論文は、ファーストオーサーを少しずつ移譲できるようになってきています。

Ⓣ 育成されているのですね。

Ⓢ 僕だけが育てたというわけではないですが、少なくとも育ってはきている（笑）。少し下の世代に振ってみて、そういう人たちがファーストオーサーとして論文を出していく。人間は老いるので、継承して、下の世代の人たちができるようになっていかないといけません。とりあえず下の世代に

150

振って、私はもう少し地味な形でフォローしていく。そこまでいけば、きちんと継承できているという感覚があります。

Ⓣ 実証研究には属人的ではないものがありますよね、いいところだと思います。

Ⓢ 私自身は論文を書く技術の方が継承されていくという部分があります。もちろん、本も大事なのですが。

Ⓣ 方法論は継承できるので、研究する人たちはテーマ設定について真剣に考えるといいのではないでしょうか。現場の要請に応える中でテーマ設定を行っていってほしいと切に願っています。『心理臨床学研究』にも『心理学研究』にも、そういった視点の研究はないですよね。ぽっかりと空いた領域があるので、これをつくっていけるといいのではないでしょうか。心理臨床学会で今後は心理学会の人を招いて、こういったディスカッションをしていければいいなと思っています。

Ⓢ 一方で、論文や量的な研究が大事、民主的でやりやすい、継承しやすいとは言いましたが、本当にできている人はどれほどいるのかという問題はたしかにあります。東畑さんのように社会に働きかけることができるレベルで本を書くことができる人がいないのと同様に、国内でランダム化比較試験（RCT）をバンバン行っている人が今どれほどいるのかというと、伊藤正哉さんぐらいしかいないかもしれない。彼は、ビジョンがあって、社会につながるテーマを設定し、人に仕事を振り、大規模なプロジェクトを動かしています。では、次の世代でそういったことをできるプロデューサーをどう育てられるのか。

Ⓣ チーム戦の指揮官みたいな話です。心理の業界は、そういう感性が足りない。

Ⓢ そういう人がいないと大型の予算をつけることはできない。

Ⓣ 僕はまったくチーム戦ができない人なので、よくわかるんですよ（笑）。うまく集団に馴染めず、人と共同作業ができない。野球部にいましたが、全然チームのために、と思えませんでした。そしてそういう人間だから臨床心理学を選んだんですよ。きわめて個人的であることに価値を置いているんですよ。僕が本にこだわっているのもそうだし、臨床心理学の属人

151

第 2 部　臨床心理学と心理職の未来

性・署名性が大事だと思っているのもそうです。ただ、社会を動かすには「陽キャ」が必要です。みんなをまとめるキャプテンの人ですね。これが臨床心理学には足りない。とはいえ、臨床心理学が「陽キャ」ばかりになったら、この学問のアジール的な要素が失われてしまう気もしますが。

Ⓢ　いや、でも「陽キャ」ばっかりは嫌かもしれない（笑）。

Ⓣ　ある種のビジネスの発想が必要ですよね。末木さんはそういうことはできないのですか？

Ⓢ　性格的に難しいですね。ただ、もう少し社会実装といったことを行う人がいた方がいいなとは考えています。自分は社会実装という領域で頑張りたいと思います。

Ⓣ　僕は上の世代が手本を示していくしかないと考えています。臨床心理学に限った話ではありませんが、若い世代がそれを見てかっこいいなと思い、自分もやってみようかとなることが継承の本質だと思います。カリキュラムではなんともなりません（笑）。

終わりに

―――臨床心理学のキャプテンを待つ

Ⓣ　マンパワーとして 1 人でできることには限りがありますね。僕はチーム戦が本当に不得意です。人を育てることもできないし、人に任せることもできません。社会運動能力が足りないと感じています。僕自身は非常に個人的で、開業オフィスと本という自分の中ですべてが完結するようなことばかりしています。比較的自由な場所であるはずの大学にすら居られないですからね。そういう性分なんですね。

Ⓢ　大きい組織をつくってきちんと運営することができる人というのもある種の才能だと思います。

Ⓣ　そうだと思います。臨床心理学は、組織戦が苦手だった。パーソナリティの問題でもあるのですが、僕と末木さんで共通しているのは、そのための土壌を理論的に整備していこうということです。あとはキャプテンタイプが出現するのを待つ。

Ⓢ　たしかに、大きい組織を動かせるのはそういう人ですね。僕はキャプテン

臨床心理学／心理臨床学の未来をつくる

タイプではないから。

Ⓣ 何部でした？

Ⓢ バスケ部。僕は 2 番ですね。

Ⓣ 『スラムダンク』でいうところの宮城リョータみたいな？

Ⓢ 三井寿のポジションですね。スリーポイントとか打っちゃう。あと、組織
に混乱をもたらしちゃう（笑）。

Ⓣ なるほど。やはり組織を引っ張っていくには、キャプテンタイプのゴリみ
たいな人が必要ですよね。

Ⓢ そういう人じゃないとだめですね。でも、ゴリを育てるのは難しい。

Ⓣ 桜木とか流川の方が才能を邪魔しなければいいから、まだ育てられるのか
もしれない。ゴリ不足が一番難しいね。

Ⓢ たしかに、たしかに。

2024 年 6 月 13 日、白金高輪カウンセリングルームにて収録。

引用文献

厚生労働省（2017）．公認心理師カリキュラム等検討会　報告書（概要）https://www.mhlw.
go.jp/file/05-Shingikai-12201000-Shakaiengokyokushougaihokenfukushibu-
Kikakuka/0000167171.pdf

下山 晴彦・丹野 義彦（編）（2001）．講座臨床心理学 1 臨床心理学とは何か　東京大学出版
会

東畑 開人（2023）．ふつうの相談　金剛出版

こころの仕事をつくることと、研究

国立研究開発法人 国立精神・神経医療研究センター

認知行動療法センター 研究開発部 部長 ● 伊藤正哉

なにが、こころを守る仕事の専門性をつくるか

研究者という職業は、ありません

「将来、あなたは何になりたいの？」

「研究者になりたいです」

「研究者っていう職業はありません。知っていますか？」

これは約20年前、博士課程の面接選考のときの、とある教授とのやりとりです。筆者は大学3年生になって以降、心理学を究めてやろうと決心しました[1]。長い年月をかけて探求し続けなければたどり着けない知恵があるだろうし、人間というのはそれだけわかり得ない存在だろう。60歳で引退とはいかずに、むしろ、歳を重ねていくに連れて学識を深めていきたいし、それで何かの役に立ち続けていたい。だから、研究者になりたいと思っていました。いまもそうです。

どんな72歳になりたいか

いま心理臨床に携わっている臨床家の先生方、いま大学や大学院で公認心理師を志している学生の皆さま、あるいは何らかの問題意識から本書を手にとっておられる方は、これからどんな72歳になっていたいでしょうか。私設のカ

---

1 その経緯については、『心理職の仕事と私生活——若手のワーク・ライフ・バランスを考える——』（伊藤他，2023）のあとがきやコラムにて紹介しています。

154

こころの仕事をつくることと、研究

ウンセリングルームをひっそりと営み、山を流れる小川の中で、冷たくも激しい流れの中でひっそりと伴走して泳ぐ二匹の川魚のように、豊かでありつつも厳しい社会を生きる人を、そっと支える心理臨床家でありたいでしょうか（霜山，1989）[2]。あるいは、国際学会の重責を務め上げ、依然として新たな研究の地平を切り開き、たくさんの若い研究者を育て、地球のさまざまな場所で講演をしたいでしょうか[3]。

研究はした方がいい

本稿でお伝えしたいのは、研究はした方がいい、ということです。なるべくなら、すべての臨床心理学者や心理臨床家が、研究をした方がいい。それは、1人の専門家として、72歳になったときに、きっと後悔しないだろうと思うからです。また、自分1人のことだけではありません。一人一人の臨床家がその人ならではの研究をし続けることで、臨床心理学なり心理臨床学の専門性が高まるからです。

専門性はどこにある？

専門性、とはなんでしょうか。それは、「ある特定の領域における特別に深く広く細やかで複雑な知識や技能を持っていること。それらがなければできない何かをなせていること」といえるかもしれません。美味しいラーメンを作ること、槍を遠くに投げること、うつしく音楽を奏でること、複雑な数式を解き証明すること、誰も見たこともない物語や映画を生み出すこと、人を宇宙へと

---

2 筆者が学生の際にとても影響を受けた書籍です。下記の記述のように描かれているような臨床をしていたいと願ってきました。
「適切なしかも弾力的な治療的距離を細心にとることはもとより必要であり、そぶりにさえ見せぬさりげない好意、冷淡めいたひそかな親切、邪険にも似たかくれた慈しみ、総じて水のごとき淡々とした、しかも深い人間関係こそ好ましい。そしてこのいわば冷え冷えとした暖流の中をひっそりと並んで漂っていく二尾の無名の魚のようなかかわりが治療者・患者関係として望ましい。（pp. 19-20）」
3 ボストン大学のデイビッド・バーロウ先生は、72歳のときに日本を訪れて東京で統一プロトコルの研修を、北海道の日本心理学会で基調講演をされました。それから10年を経た現在も、活き活きと研究の議論を楽しんでおられます。本稿はバーロウ先生と会ったり、International Society for Traumatic Stress Studies の理事会に参加したりするための東京 – ボストン往復の航空機内で2024年10月に執筆しました。

第2部　臨床心理学と心理職の未来

運ぶシステムを開発すること……。色々な領域があって、そこに専門性があります。専門性があるからこそ、その領域の素敵さ、高貴さ、かけがえのなさ、そして豊かさが増してゆきます。

こころを守る仕事の専門性

こころを守る仕事は、こころを豊かにする仕事でもあるはずです。その人のこころを守るということは、その人の人生を豊かにすることでもあるはずです。それを成すための仕事が、乏しく、みすぼらしいものであったら、なんとも残念ではないでしょうか。人のこころが豊かで健やかでうつしく幸せであってほしいと願うように、私たちの専門性もそうであった方がいい、と思いませんか？　筆者は、研究というのは、そういうことにつながる営みだと考えています。

研究とは、新たな感覚や知覚を得ること

あなたが生まれて初めて研究したのは、いつのことでしょうか。研究など一度もしたことはないでしょうか。あるいは、生まれてこのかた、ずっと研究しているでしょうか。そもそも、研究とは何でしょうか。こうした問いに対して、ご機嫌に、おもしろがって、ああでもないこうでもないと頭をめぐらせることが、研究の1つの姿なのかもしれません。問いを問うたり、問いを問い直したり、不思議だな、わからないな、なんだろうな、でもちょっとおもしろいかもな、と思うことが研究なのかもしれません。そうした感覚は、産声を挙げて苦しくも肺に入ってきた空気の感触かもしれないし、初めて肌に触れた空気や他の人間の手の感触かもしれないし、おぼろげに見える外界なのかもしれません。なんだろうこれは、というその感覚。

研究とは、ぐるぐると考え、行ったり来たり試すこと

英語で研究というと research となります。この言葉の語源は、re-（後ろに戻ったりと行ったり来たりして）、-circus（ぐるぐるとその場で立ち止まって考える）、という意味だそうです。つまり、何かを「まあそういうこと」と割り切って思考停止しておくのではなくて、割り切らずにいつまでも考えること

こころの仕事をつくることと、研究

といえるかもしれません。あるいは、割り切る、分ける、わかる仕方を追求して、やはりああでもないこうでもない、と言ったり問うたりすることなのかもしれません。『おさるのジョージ』のように、色々なことを試して見ることなのかもしれません[4]。

研究とは、集め、うがち、かたちづくること

日本語で研究と書くと、「研ぎ澄まして、究める」となります。ざっくりとした認識を、より細やかにすること。東畑さんは最近、カンカンカンカンとノミを打って新たな心理臨床のかたちをうがち彫り出しました（東畑, 2023）。その姿のように、知を集め、何かを形づくることが、研究ともいえそうです。そこには、愉しむという、好奇心というこころの動きがあります。不思議だなと感じ、何かを見つけたら、何かが生まれたら、うれしくなります。

研究とは、共有し、つなげること

何か素敵なものを見出し、作り出したら、誰かに伝えたくなります。見たこともないような花や虫を見つけたり、きれいに折り紙を折れたりしたら、誰かに見せたくなります。「へぇ～！　すごいね。これ、おもしろいね！　どうなっているの？」と反応して、供された人もまたそれをよろこび、新たな気づきや疑問が生じ、それを問いかける。誰かが表現したものが、他の誰かを刺激する。その人が観察して、考えたり、試したり、表したりする。それがまた他の誰かを刺激して……。そうやって、知は人と人をつなぎます。

だいたい、みんな研究している

臨床心理学者は科学していそうです。心理臨床家は思索していそうです。そのどちらも研究といっていいのだと思います。どちらも、これまで書いたような意味での研究を営んでいるからです。どっちもありでいいのではないでしょうか。アプローチは違うけれど、どちらも何かを不思議に思い、理解しようと

4　絵本『おさるのジョージ』の英語原題は『Curious George』です。おさるのジョージの唯一の公式ショップは、ボストンのハーバードスクエアにあります。なんだか素敵ですね。

157

第 2 部　臨床心理学と心理職の未来

して、表現し、それを他の人と話し合っています。そしてだいたい、多かれ少なかれ、どっちも自ずとしていることでもあるのです。

● イシュー、科学、人文知、白魔法

どうにかしたい、という思い

　眼の前の大切な人が苦しんでいる。でもなぜ苦しんでいるかわからない。どうにか助けになりたい。そう願い、行動する。知り得る、探し得るすべての情報を使ってアドバイスしたり、働きかける。それでも苦しんでいる相手には、何もいい変化が起こらない。それどころか、なんだか悪い影響を与えているような気さえしてくる……。大切な人を助けたいのに、疎まれ、きらわれてしまうことさえあるかもしれません。無力感とともに、何もできない自分に腹が立ってきます。くやしさと、かなしさと、みじめさと。

イシューからはじまる

　「こころを守る」という仕事があるということは、こころが守られていない人がいるということです。こころが傷ついている人も、力が削がれている人もおられます。私たちの仕事は、何かをどうにかしたい、という想いに駆られています。こころに関心があり、こころを守りたい。その裏返しには、こころがわからず、こころが守られていないという認識があるでしょう。向き合うイシューは、それぞれの人に固有のものもあれば、共通する部分もあるでしょう。窮すれば通ず。何かをどうにかしたいということは、何かに困っているということでもあります。個人としても、社会としても、窮するところがあるからこそ、私たちはどうにか通じたいと願う。

より確からしい、助けになれることへ

　自分の大切な人が、病にかかったとしたら、どうするでしょうか。その人はとても苦しそうです。こちらが精いっぱいに声をかけても、お水を飲ませても、一向によくはなりません。眼の前で、苦しんでいます。そんなとき、おそらくは、その人をすこしでも楽にしようと、助けようと、そのことについて

こころの仕事をつくることと、研究

知っていそうな専門家を探し、頼るでしょう。そうです、ここで、「専門性を有する専門家」が登場するわけです。

科学による知

科学（サイエンス）とは、同じことをしてみたら、誰でも同じ結果が得られるという手続きを通して、知を積み重ねる方法です。ある状況や状態のときに何が起こるかをなるべく確実に調べます。だから、ある特定の状況に誰かが置かれたとき、その状況がすでに科学で扱われて理解が進んでいるなら、科学の知はとても役に立ちます。そのときに、何をすればどういう結果となるかがわかっているからです。

遷延性悲嘆症の場合

あなたの大切な人が、その人の家族を失って、強い悲嘆を何十年も抱え、生活が破綻しているとします。この状態は最近まで精神障害として捉えるべきではないと学術的な論争がありました（いまでもこの議論はなくなったわけではありませんが）。しかし、疫学調査により、そのような状態で苦しみ続けている人がたしかに一定数おり、また、そうした人に特化した心理療法が役立つことがわかりました。

1人ではない、という知識が人を救う

「こうなるのは自分ひとりではない」と知ることだけで、救われることがあります。心理療法の文脈では、そのように知ってもらうことをノーマライジングと呼びます。共感や肯定と呼ばれることもあるでしょう。自分がこういう状態である、自分がこう考える、自分がこう感じる。それは異常ではなく、人としてあり得ることである。それを知ることで、救われる。その知識や理解から扉が開き、その人にとっての機会や回復へとつながることもあります。

悲しみにも向き合うし、新しい生活にも携わる

遷延性悲嘆症治療では、大切な人を失ったときには、強く痛いかなしみに支配され得ることを知ってもらいます（Shear et al., 2005）。それは異常ではな

159

第2部　臨床心理学と心理職の未来

く、むしろ、その人が特別な存在だったことの裏返しでもあります。心理療法
に取り組むことは故人を裏切ることではなく、もっと大切にすることにもつな
がり得ます。心理療法では悲しみも大切にするし、新しい生活の有り様を模索
することにも取り組みます。そのような道筋を知ることで、心理療法に取り組
んでみようという気持ちが芽生えることもあります。

科学ができること

　ある状態をよく観察し、そこに共通する状態を記述し、それへの介入と結果
を確かめるというたくさんの試行錯誤。そうした科学の知が役に立ちます。う
つ病、不安症（パニック症、社交不安症、全般不安症）、強迫症、心的外傷後
ストレス症、双極症、統合失調症、アルコール使用症など、他にも同様にその
状態と介入の理解が進んでいます。その多くは、臨床心理学や精神医学の中で
わかってきたことです。科学でわかっていることは、とてもたくさんあります。
す。その知見は、毎日どんどん増えていっています。

科学でわからないこと、1回性、一期一会

　科学でわからないことも、たくさんあります。同じような条件下で同じ実験
をくり返すことは、多くの現象において容易にできません。1回性、という言
葉があります。その時その場所でその人にしか起きないこと。それも間違いな
くあります。いまこの瞬間のあなた個人は、いま1回しかない。一期一会とも
いえるでしょう。何度もくり返せません。「社会」という言葉でまとめられる
人々の有様も、やはりくり返し実験できません。

人文知

　現象の個別性を理解し、それに関わろうとしたときに、科学とは違うアプ
ローチが役に立ちます。それが人文知というものかもしれません。人の言説や
思想や理論から、ある有り様を記述し、理解しようとする方法です。心理臨床
学は、そういうアプローチを大切にして、思索を深めてきたのかもしれませ
ん。1回性の中に、普遍的に重要な知を導き出すこともできるかもしれませ
ん。実験可能な形に単純化しないからこそ、その複雑さを削がずに、複雑なま

160

こころの仕事をつくることと、研究

まに理解できるのかもしれません。

やはり、研究はした方がいい

ここまででいいたいのは、科学であろうと、人文社会学であろうと、研究はした方がいいという主張です。科学は確からしさを大切にします。現象を記述し観察し何度も同じ結果になるような知を与えてくれます。人文社会学はそれでは汲み取れない機微、複雑さ、くり返せない個別性を理解するのを助けてくれます。こころを守るにはどちらも必要だし、そのための専門性には、どちらも必要です。

白魔法となり得るか

「こころを守る仕事」に携わる人は、その業界は、独自の専門性を育てていけるでしょうか。比喩的にいうなら、白魔法となり得るでしょうか。魔法というからには、特別なことができなければならないし、そのために特別なスキルや修練が必要となります。誰でもできるわけではないことができて、それが実質的な影響を持つからこそ、魔法は魔法と呼べます。そして、"白"魔法であるからには、人を癒やし、元気に、穏やかに、仲良くさせられなければなりません。"法"の要素も大切で、その技術や知恵は伝承できなければならないし、適切に用いる良識をわきまえてなくてはなりません。そしてもう1つ大切なのは、"魔"の部分です。人をわっと驚かせ、魅了できるでしょうか[5]。

人工知能に吸い込まれるか

陳腐化されるなら、専門性とは呼べないでしょう。誰にでもできることは、専門性のあることとはいえません。人工知能といった新たなテクノロジーが、学者や臨床家の仕事を代替できるようになるかもしれません。人のこころを守るために新たなテクノロジーを用いる産業領域は、メンタルヘルステックと呼ばれます。心理学や精神医学がこの領域の問題を解決できていないので、ここ

---

5 インチキの部分が増えたり、悪用されやすい部分が増えたりすると、"魔術"と呼ばれそうです。魅了してくれるけれど、実質的な影響を持たない行為の場合には、"手品（マジック）"となりそうです。

161

第 2 部　臨床心理学と心理職の未来

ろについては全世界的な問題であって、そのために市場規模がとても大きいのです。たくさんのスタートアップや企業がこの領域に挑戦しています。

本質を追求できるか

人工知能やデジタルテクノロジーが人のこころを守ってくれるなら、それはうれしいことなのかもしれません。そしてそうなら、臨床心理学者や心理臨床家は、何をすればいいのでしょうか。機械にできることは機械で、人にしかできなことは人でやる。そうなら、臨床心理学者や心理臨床家はどのようなことに頭を、こころを、己をささげるといいのでしょうか。

鍵となるのは 2 つ。本質を追求すること、エクセレンスを磨くこと。

大事なこと、すごいこと、感動すること

本質。英語でいうと Nature。私たちが何かにこころ打たれたり、感激したり、生きているなあと感じたり、ずっと印象に残るような体験をしたとき、そこには本質、みたいなものがあるように感じます。他に取り替えようがなく、かけがいがないように感じます。どういうわけか、そういう本質は直感的に感じられるものでもあり、即座にして多くの人に共有されるものでもあるようです。名作とされる物語、大ヒットする歌謡曲などは、説明なしに感動を与えてくれます。

人の営みはうつくしさを豊かにする

この何十年かの世界の文化・芸術・スポーツ・学問・科学・テクノロジーの発展には、とても目を見張るものがあります。ドラえもんは開発できていなくても、20 年前には想像できなかったたくさんの感動がいま現在、生まれています（もちろん、それぞれの時代にはそれぞれのうつくしさがあって、それ自体に優劣はありません）。人の営みが、いままでにない域へと連れて行ってくれる。エクセレンスを磨くというのは、そういうプロセスです。

見えなかった問題も、見えてくる

以前は社会的に無視され、軽視されてきた問題が、社会で共有されるように

こころの仕事をつくることと、研究

なってきています。ジェンダー、神経発達症、小児期逆境体験など、学術の知見の集積があって、その問題の根深さが知られるようになったことがたくさんあります。さまざまな場での性暴力が明るみになり、傷つけられた人が発信し、人や社会の認識を変えつつあります。一人一人の人が考えるのをやめずに、思考停止して割り切らずに、これはこのままではいけないというイシューに気づき、そのもとに考えて行動し、人と共有してきたからこそその社会の変化でもあるでしょう。

知は力

　知を重ねるのには、社会をよくする力があります。ヒーロー映画では悪役となるマッドサイエンティストが、知の力をあらぬ方向へと使おうとする物語がよく使われます。しかし、それを抑える良識もまた、知の力なのでしょう。いまの社会では情報が溢れすぎて、人はそれをどう扱っていいかわからなくなっているようにも見えます。たくさんの情報にアクセスできるだけでは、人は健やかにも豊かにもなりません[6]。知は力でありつつも、それが知恵になるには、それを上手に使う知見や知識や知性が必要なのかもしれません。

研究は、専門家としてのキャリアそのものとなる

　ここまでずいぶんと抽象的に話をしてきました。言いたいことは、こころを守る仕事は白魔法でありたいということ。白魔法であるには、専門性が求められるということ。そして専門性を育むには、知と技を生み、使いこなすためのエクセレンスを研ぎ澄ますプロセスが必要だということ。それは、個々の専門性を72歳まで育むうえでも、こころを守る仕事を白魔法にするうえでも、大切だろうということです。

* * * * *

6　ここでの「情報」は、インターネットを経由してスマートフォン等から得られるさまざまな刺激を想定しています。しかし、そうした情報は、限定された視覚や聴覚や言語情報にとどまります。一方で、人は身体の感覚や、空気感や、味覚や嗅覚や、立体的な空間知覚など、その他にもさらに豊富で複雑で濃厚でゆたかな情報の中で生きているともいえます。

第 2 部　臨床心理学と心理職の未来

私の生きてきた研究のこと

もう一度、20 年前にプレイバック

　「研究職という職業はない」と言われた当時、もう 20 年ほども昔、「日本の臨床心理学は、米国のそれと比べて 20 年は遅れている」と筆者は考えていました。そして 20 年たったいま、残念ながら、米国の臨床心理学からはさらに突き放されています。日本の臨床心理学から、世界に誇れる論文がどれだけ出たでしょうか。精神障害の診断基準が改定される中で日本の心理学者の知見がどれだけ貢献できたでしょうか。世界の診療ガイドラインにおいて推奨されている治療を裏付けるエビデンスに、どれだけの日本発の知見が生かされたでしょうか。

かつての、日本のよくある博士課程の風景

　筆者はまだペーペーの未熟な研究者です。だから、自分が査読誌に論文を初めて公表してから 20 年が経つ（伊藤・小玉, 2005）と思うと、なんとも恐ろしい気持ちになります。この論文は学部の卒業論文をまとめたもので、博士論文まで同じテーマを追究しました。当時の流行りなのか、国内外でよく触れる研究は、概念を発明するような研究でした。たとえば、被受容感、心理的負債感、もやもや感など、ちょっと聞き慣れないけれど、そういわれてみればそういうのがありそう、という現象を切り出して、概念を与えるような研究でした。当時の博士論文といえば、そうして何らかの概念を"発明"ないし"輸入"して、それを測定する尺度を作り、類似概念などとの異同を整理するような研究でした。ポジティブ心理学運動が盛り上がっていた時期でもあり、その傾向が顕著だったように思います。自分を含めて博士論文といえば、だいたいは大学生を対象とする質問紙調査でした。そのような研究で"臨床"心理学だなどとよくいうものだと自虐的になり、不全感をもっていました[7]。

ハーバード大学の臨床実践

　筑波大学の大学院に在籍していた当時、堀越勝先生が赴任されました。堀越

164

こころの仕事をつくることと、研究

先生はハーバード大学マサチューセッツ総合病院でクリニカルサイコロジストとして第一線で活躍し、教科書でしか見たことのない著名な臨床心理学者と一緒に仕事をしておられていました。当時、日本の臨床心理学に失望していた自分には、目からウロコのような話をたくさん聞かせてくれました。米国の臨床心理学者がいかに高い専門性を持って、社会から信頼される仕事をしているか。Ph.D. をとるためにどれだけの困難があるか。宿泊型の治療施設を運営したり、一部処方までしたりと、どれだけ心理職が活躍しているか。給料がどれだけ高いか。

心理療法プロセス研究

　博士課程の当時、日本で臨床心理学を学んでもしょうがないと考えていました。当時の自分には、エセ臨床心理学だと思えていたからです。だからこそ、心理療法の実際の様子を録音したり録画したりして、その中での言語や非言語行動を分析するプロセス研究を知ったときには、強い衝撃を受けました。プロセス研究を日本に紹介したのは岩壁茂先生でした。岩壁先生が紹介したエモーション・フォーカスト・セラピー（Greenberg, 2011 岩壁他監訳 2013）や、『心理療法の失敗の研究』もまた、畳み掛けるように当時の自分に刺激を与えてくれました。

ヨーク大学での臨床心理学教育とプロセス研究

　「英語なんて話せなくていいから超一流を見てこい」と強く背中を押してくれたのは堀越先生でした。日本学術振興会特別研究員 DC2 に採用されてから1年早く博士号を取得できたので、1年のポスドクの期間を確保でき、その間にカナダのトロントにあるヨーク大学心理療法研究センターのレスリー・グ

7　"臨床"とは英語の"Clinical"の訳語で、ベッドサイドで寄り添うというニュアンスがあります。心理相談室や病院に訪れるような、実際に苦しみ困っている人についての直接の関わりをしない研究が、果たして臨床心理学の研究といえるのだろうか、という不全感を当時に抱いていました。もちろん、人の苦しみは色々であって、病院に来ているから"臨床"というのは単純すぎますし、質問紙に答えるその人もある尺度上では正規分布の端の方にいる人が必ず含まれるわけですので、質問紙による研究が臨床からかけ離れているというのも乱暴でもあります。

165

第 2 部　臨床心理学と心理職の未来

リーンバーグ先生のもとで学びました。ヨーク大学の修士の学生は、貯蔵されている心理療法セッションビデオを解析していました。学生のスーパービジョン（SV）では、セッション毎に録画や録音の記録が事前に提出され、それを視聴したうえでなされていました。日本でのSVといえば、セラピストが記憶を頼りに逐語を起こし、数セッションに一度のペースでなされるものがほとんどでした。それはケース全体の流れを掴むうえでの学びになったものの、セッションの中での瞬間、瞬間の振る舞いについて教えてくれるものではありませんでした。ヨーク大学では、生のセッションデータを扱う、まさに"臨床"のスーパービジョンや研究が当たり前になされていました。

国立精神・神経医療研究センター成人精神保健研究部

　ポスドクから戻って就職先を探していたところ、先輩のつてで成人精神保健研究部の流動研究員に採用されました。カナダで少し英語も喋れるようになり、海外で研究した人間だぞと、ちょっと自信も持ちはじめていた頃です。ところが、金吉晴先生が率いるこの研究部では、むしろそれが最低ラインでした。海外の大物研究者が日常的にやってきては、みんな平気で英語をペラペラ喋って議論しておりました。ワールドスタンダードで研究し、臨床にも真摯に向き合う医師の研究者に囲まれる中で、おのずと、心理学者として自分がどうあるべきかを意識するようになっていきました。

コロンビア大学での臨床試験のマネジメントの学び

　当時の研究部では、コロンビア大学のシア教授が開発した遷延性悲嘆治療を日本に導入するプロジェクトがはじまっていました。幸いなことに、日本学術振興会特別研究員PDに採用されたため、カナダとニューヨークに再度研究滞在することができました。コロンビア大学ではランダム化比較試験の真っ只中で、どのようにして試験をデザインするか、独立評価者会議はどう運営するか、SV会議はどう運営するか、そしてなにより、実際の心理療法のセッションに陪席させてもらってどのようにクライエントと関わるか、その実際を学びました[8]。

166

こころの仕事をつくることと、研究

真似事でもいい、あこがれを実践する

コロンビア大学での学びを通して、認知行動療法がとても奥深いものだということにようやく気づけるようになりました。そしてまた、臨床試験がどれほどの膨大な労力と丁寧な工夫の積み重ねなのかもわかりました。医療の中で、心理学者が科学者としての責任を果たさないといけないことも痛いほどに認識しました。いままで学んできた感情を大切にする心理療法に科学的に取り組みたいと思っていたため、ボストン大学のデイビッド・バーロウ先生が『感情症に対する診断を越えた治療のための統一プロトコル』の研究に惹かれるようになりました（Barlow et al., 2017 伊藤他訳 2024）。当時まだ、うつと不安に診断を越えて共通する要素に取り組む心理療法は、日本はもちろんのこと、世界的にも検証されていませんでした。エビデンスに基づく心理療法を広く届けるうえで、この心理療法がとても有効だと考え、帰国後にはこの臨床試験に取り組みはじめました。

医療の領域で臨床試験を実現する、チームアプローチ

臨床試験に精進して、気づけば 10 年以上の歳月が流れています。医療現場での臨床研究は、チームがないと成立しません。また、病院で働く医師や心理師、受付の方といったさまざまな人との信頼関係が大切です。臨床家が 1 人で沈思黙考し、文献と格闘する類の研究ではなかなか病院の多職種の方々に理解してもらえません。チームで治療法を学び、チームで SV をし、チームで評価に関して検討し、チームでコーディネートをし、チームでさまざまなステークホルダーとコミュニケーションをして、信頼してもらえるように心がけてきました。また、チームで研究するからには、それを維持する研究費を獲得し、こころを守る仕事（ここでは臨床試験）を担う人を雇わなければなりません。雇用やチームを維持するのは簡単なことではありませんでした（何度も不採択

8　当時、トロントとニューヨークを 2 週間毎に夜行バスで行き来する 2 拠点生活をしていました。朝陽を浴びながら動きはじめるニューヨークに到着するたびに、よろこびを感じていました。研究室で寝泊まりしていたのがバレてからは、シア先生のご自宅に居候させてもらっていました。シア先生の度量の大きさは、いまでも信じられないくらいです。

第2部　臨床心理学と心理職の未来

を経験しています）、幸運なことに、さまざまな人にご理解いただき進めてくることができました。

これからの臨床心理学者へ

それから、大小の臨床試験が進んできました。臨床査定を専門とする独立評価者チームは1つの書籍を出版するまでに至りました（山口他，2023）。臨床試験のコーディネートの仕方を学会でお伝えしたり、デザインから運営までのノウハウをお伝えしたりもしています。次の実践につながる臨床研究が日本全国で実施されるようになることを願っています。その一環として、国立精神・神経医療研究センター認知行動療法センターでは筑波大学や早稲田大学と連携大学院協定を結び、博士論文として臨床研究に励む学生の指導もはじまっています。20年前にそうあるべきだと考えていた臨床心理学の博士論文について、いまは指導教員として関われていることに感慨を抱きます。日本では学生が自らの独自の発想で、その学生1人でできる範囲の研究で博士論文を書くことが多いものです。他方、米国等では、ラボの主任研究者が大型研究費を獲得し、博士学生がそのテーマの一部を担って研究し、チームでの研究成果を共有してその一部を博士論文とすることもよくあります。現在、そのようなかたちでの博士論文の構想を若手の先生と話し合っているところです。

＊＊＊＊＊

研究は大切だ。そう考えていることをお伝えしました。自分自身が研究に携わる中で、これまでたくさんの本質やエクセレンスに触れきました。その経過をお伝えいたしました。「巨人の肩に乗る」という表現があります。先人たちが築き上げてきた膨大な知見の上にあって、今の自分がしているのはそこにちょこっと何かを加えたくらいのものだ、という意味です。研究や学術という知の生態系は、たくさんの人生や生命から生まれ、支えられてきました。世界はうつくしいし、ありがたい。つらく苦しく、目を背けたいこともたくさんある。自分は微力だ。だけれども、無力ではない。少しでも何かを自分が自分なりに感じ、自分しかいま出会えない人とその1回性の中で出会っているなら、

こころの仕事をつくることと、研究

それは、自分にしかできないことがあるということでもあるはずです。そうした貴重な出会いに巡り合えているのなら、あるいは、そのようにいまの一瞬を捉えられているのなら、なんと素敵なことだとは思わないでしょうか。そして、将来にもそうした素敵な巡り合いが待っていることでしょう。そのときに備えて、いまできる、ひとつひとつのことがあるでしょう。そういう営みを、研究といってもいいのかな、と思います[9]。

引用文献

Barlow, D. H., Farchione, T. J., Sauer-Zavala, S., Murray Latin, H., Ellard, K. K., Bullis, J. R., Bentley, K. H., Boettcher, H. T., & Cassiello-Robbins, C. (2017). *Unified protocol for transdiagnostic treatment of emotional disorders: workbook.* Oxford University Press. https://doi.org/10.1093/med-psych/9780190686017.001.0001
（D. H. バーロウ・S. ソーザバラ・T. J. ファーキオーニ・H. マリ‐ラティン・K. K. エラード・J. R. バリス・K. H. ベントレー・H. T. ブッチャー・C. カッシーリョ‐ロビンズ（著）伊藤 正哉・加藤 典子・藤里 紘子・堀越 勝（訳）(2024).　うつや不安への認知行動療法の統一プロトコル セラピストガイド 改訂第2版　診断と治療社）

Greenberg, L. S. (2011). *Emotion-focused therapy.* American Psychological Association.
（L. S. グリーンバーグ（著）岩壁 茂・伊藤 正哉・細越 寛樹（監訳）(2013).　エモーション・フォーカスト・セラピー入門　金剛出版）

伊藤 正哉・小玉 正博 (2005).　自分らしくある感覚（本来感）と自尊感情が well-Being に及ぼす影響 教育心理学研究, *53*(1), 74-85. https://doi.org/10.5926/jjep1953.53.1_74

伊藤 正哉・山口 慶子・榊原 久直 (2023).　心理職の仕事と私生活——若手のワーク・ライフ・バランスを考える——　福村出版

岩壁 茂 (2022).　心理療法・失敗例の臨床研究——その予防と治療関係の立て直し方——　改訂増補　金剛出版

Shear, K., Frank, E., Houck, P. R., & Reynolds, C. F., 3rd (2005). Treatment of complicated grief: a randomized controlled trial. *JAMA, 293*(21), 2601-2608. https://doi.org/10.1001/jama.293.21.2601

霜山 徳爾 (1989).　素足の心理療法　みすず書房

東畑 開人 (2023).　ふつうの相談　金剛出版

山口 慶子・大江 悠樹・宮前 光宏・伊藤 正哉・堀越 勝 (2023).　エビデンスに基づく臨床査定メソッド——質の高い心理支援の基礎と実践——　診断と治療社

9　ところで、冒頭の「研究者という職業はない」です。この言葉、もしかしたら「研究という業種はないけれど、あなたが何をしていようとも研究は大切なのですよ」という意味なのかもしれません。教育職であろうが、医療職であろうが、その中でどちらも研究という営みがなされていて、むしろ、それは当たり前のことなのですよ、ということなのかもしれません。

こころを守る仕事をつくるために欠かせない「オカネ」の話

READYFOR 株式会社　基金開発・公共政策責任者

広島大学医学部客員准教授 ● 市川衛

● 1.「オカネ」を軽視した結果、迷走する事業

　この章では、主に「資金調達」について取り上げます。読者の中には、この分野に少し拒否感を覚える方もいるかもしれません。たしかに、社会的な事業を志しているのだから、「オカネ儲け」とは一線を画した方が良い気がしますよね。でも、その考え方は「間違い」です。

　もちろん皆さんが最終的に目指すのはインパクト（社会に良い影響）です。でも、それを実現するためにはスタッフを適切に雇用するための費用や、また、事業を拡大していくための投資が必要です。つまり皆さんは社会的インパクトと持続的な経済的成長を両立する必要があり、これは単にお金儲けだけを目的とする場合より難しいことです。つまり逆説的なようですが、お金を目的にしていない人ほど、お金について詳しく知り、戦略的に獲得する方法を考えなければならないわけです。

　一方で残念なことに、公認心理師や臨床心理士などの教育課程において、お金について学ぶ機会はほとんどありません。結果として、こころを守る仕事を目指す人たちが何か新しいことを始める際に「お金はなんとかなるだろう」と見切り発車してしまうことが少なくありません。

　「オカネ軽視」で見切り発車した結果、事業が失敗する典型的なケースを紹介します。

ケース① 福祉事業所の開業

　発達障害（神経発達症）のある子どもたちに、理想のケアを提供したい。そんな想いから、仲間と共に児童発達支援事業所を立ち上げたAさん。しかし実

際に事業を始めてみると、報酬による収入はギリギリで、スタッフの給与・家賃などを支払うのが精いっぱい。利用者が定員割れすると、すぐに赤字になってしまいます。思い悩んだＡさんは、人づてに紹介を受けた経営コンサルタントに相談。すると、報酬制度のスキマを上手く使って、できるだけ点数を取れるサービスを子どもや保護者に使わせる方法を伝授されました。

そこでＡさんは、教わった方法を忠実に実践。すると経営は安定し、少しゆとりもできました。やれやれと思っていたある日、創業時から苦楽を共にしてきた中核メンバーたちから「子どもや保護者を騙しているようでいたたまれない、皆で辞めることにした」と告げられました。蒼ざめるＡさん、そこで気づきます。「あれ？　私、子どもを幸せにしたいはずだったのに……、いつのまにかオカネの奴隷になっちゃっていたの？」

ケース②　スタートアップの立ち上げ

Ｂさんは心理学の研究者。長年の研究の成果として、学習障害（限局性学習症）のある子ども向けのデジタル教材を開発しました。これを世の中に広めたい！とスタートアップを立ち上げることにしたＢさん。ピッチコンテストに登壇してプレゼンしたところ、投資家から出資のオファーが！　予想以上の出資額に感動し、すぐに契約書にサインをしました。しかし喜びも束の間、よくよく条文を読んでみると、会社の方針を決める「議決権」の多くを投資家側が持つ形になっていることが判明。

Ｂさんは投資家からの「早く売り上げを」というプレッシャーに従わざるを得なくなり、見栄え優先で効果が不確かなままアプリをリリース。売り上げは順調なものの「これが自分のやりたいことだったのか」と罪悪感にさいなまれる日々を過ごすことになります。

耐えきれなくなったＢさんは会社から離れることを決意し、長年の苦労の結晶であるデジタル教材の知財権を手放すことになってしまいました。

　これらはもちろん架空の事例ですが、類するケースをよく目にします。この他にも、後述する「補助金・助成金地獄」に陥って代表やスタッフが疲弊してしまうようなこともあります。最初にオカネを軽視したばっかりに、かえってオカネの奴隷になってしまうことがあるのです。

171

第 2 部　臨床心理学と心理職の未来

　そこで大事なのが、事業を立ち上げようとする前に、お金について学び、どのような資金をどのようなタイミングで得るのかを考えること。いま、世界的に「インパクト志向」の資金の流れが強まっています。要は社会課題解決と持続的な経済的成長を両立しようとするところに、きちんと資金が回るようにしようという動きです。日本でも「インパクト投資」「休眠預金活用事業」「遺贈」など新たなお金の流れが生まれています。この点については、後ほど詳しく紹介します。

　筆者は READYFOR 株式会社において、休眠預金活用事業の資金分配団体の責任者を務めています。また、社会課題と経済的成長の二兎を追う存在として近年注目を集めている「インパクトスタートアップ」の協会事務局長を務めています。

　本章では、こうした実地の経験をもとに、社会事業を志す人にまず知ってほしい基礎知識やツール、そしてお金の流れに関する最新状況をまとめました。読者の皆さんが成し遂げたいインパクトの実現に役立てれば幸いです。

● 2.　事業を始めるための資金は、どうやって得る？

　さて、まずは基礎知識。皆さんが事業を始めるときや、継続・拡大させるときに必要な資金の種類と獲得方法について紹介します。

　新しい福祉事業所を開業するときのことを想像してください。まず、事業を行う場所を借り、支援のための器具などを揃える必要がありますね。当座の自分自身やスタッフの人件費の他、光熱費や水道料金なども払わなければいけません。初期費用としてまとまったお金が必要です。

　初期費用を得る方法は、大きく分けて「自己資金」「融資」「出資」の 3 つがあります。

　「自己資金」は説明の必要もないと思いますが、貯金や近親者からの援助などを元手にするケースです。「融資」は、銀行や信用組合などから一定の金利でお金を貸してもらうものです。そして「出資」は主にスタートアップ（株式会社）を立ち上げる際に、金融機関が作るファンドや個人のエンジェル投資家などから株式などと引き換えに投資を得るものです。

　その他、自治体や財団などから「助成金・補助金」を得るケースもあります

172

が、ゼロから起業を志す人の場合はまったく実績がないため、採択のハードルは少し高くなるかもしれません。

　従来は、融資を受けようとすると「担保」「連帯保証人」の提供が必要でした。出資の場合も「個人保証」（起業が失敗した場合、出資金の一部もしくは全額を創業者が返済する義務を負う）が求められることが少なくありませんでした。どれも起業家側にとっては大きなリスクです。

　しかし2022年以降、岸田政権下で進められた新規創業・スタートアップ振興策により、状況は変わってきています。例えば2023年3月に出来た中小企業庁による「スタートアップ創出促進保証」（図5）では、これから創業を目指す人や創業後5年以内の法人などを対象に、いくつかの条件を満たせば、創業時に受ける融資に対し最大で3500万円まで保証を受けられることになりました。担保や連帯保証人を用意しなくても良くなったわけです。

　また出資に関しても、近年立ち上げが活発になっているインパクトファンド（社会課題の解決などを目的に立ち上げられたスタートアップに出資を行う

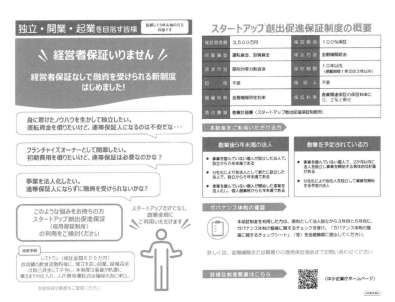

図5　中小企業庁「スタートアップ創出促進保証」パンフレット
中小企業庁（2023）より転載。

第２部　臨床心理学と心理職の未来

ファンド）では、創業者に対して個人保証を求めないケースが増えてきています。

● 3. 事業を継続・拡大するための資金は、どうやって得る？

NPO などで社会的な事業を行う場合、業態にもよりますが、収入は大きく「事業収入」「助成金・補助金」「寄付」の３つに分けられます。そして理想は、収入の内わけ（ポートフォリオ）において、この３つのバランスが取れていることです。なぜなら、この３つにはそれぞれに長所と短所があるからです。

まず「事業収入」について考えてみます。例えば発達障害支援の場合、医療サービスであれば診療報酬が、障害福祉サービスであれば障害福祉報酬が設定されています。また報酬を活用しない、自主事業（サービスの利用料を利用者に全額負担してもらう）を行うケースもあります。サービスを提供した量によって安定して収入を得られることが、事業収入の最大の長所です。

一方で、例えば報酬制度を利用する場合、子ども一人に対してのスタッフ数や事業所の広さによって受け入れられる利用者の数が決められているため、それを超えて現場の余剰のスタッフを雇ったり、バックオフィス部門の充実に投資を行ったりする余裕が生まれにくくなります。例えばスタッフに研修受講の希望があってもシフトの都合で許可できなかったり、事務負担が一部に集中してしまったりするかもしれません。

ですので、あまりに事業収入に依存した経営モデルを採用した場合、本来提供したかった質の高いケアや、スタッフ一人一人に対するきめ細やかなケアが後回しになってしまうリスクもあります。

「補助金・助成金」には、前述の事業収入の課題点を補う利点があります。行政による補助金（科研費などの研究費なども含む）や民間財団が出している助成金などは、質の向上への投資用途として柔軟な利用が可能なものが少なくありません。例えば発達障害支援に関連する助成金に対し、「スタッフの支援の質を高めたいので、研修費用や検査器具の購入金を助成してほしい」という内容で申請書を書き、認められれば資金を得ることができます。筆者の所属する READYFOR 株式会社も、本書の分担執筆者である熊仁美氏の所属する

174

NPO法人ADDSと共に、休眠預金を活用した発達支援の質を高める助成事業を実施しています。

一方で補助金・助成金のデメリットとして、事務作業の煩雑さが挙げられます。補助金・助成金に申請する際にさまざまな書類の用意が必要ですし、事業によってどんな成果が上がったのかに関する詳細な報告書が求められることがほとんどです。また入出金に専用口座の開設が必要になったり、お金を使った際の領収書や経費精算の明細について事細かに報告しなければいけないなどの事務負担が発生します。

このため、経営体力が十分ではない団体が補助金・助成金頼りに経営モデルを組んだ場合、毎年色々な補助金・助成金を探しては申請をするサイクルを繰り返すことになり「本来やりたい事業とは違っているけれど、通りそうだから申請しよう」という本末転倒な状況が生まれるリスクがあります。こうした状況を、ユーモアを込めて「助成金・補助金地獄」と呼ぶ人までいます。

「寄付」の最大の魅力は、使途があまり限定されないことです（稀に、寄付者側が使途を限定するケースもあります）。また、経費精算の透明性や報告もそこまで厳密なものは求められないので、スタッフの教育やバックオフィス業務の充実などへの利用が容易です。寄付によって団体の組織基盤を固めることで、事業の成長に力を注ぐことができるわけです。一概にはいえませんが、事業全体の収入の3割が寄付で得られるようになると、経営の安定や事業の成長が大きく前進するといわれています。

一方で寄付は、簡単に得られるものではありません。日本に寄付文化は広がっているとはいえ、SNSでは、NPOなどが寄付を求める行為に「けしからん」とする意見さえ根強いのが現実です。寄付意向のある人とつながり、「この目的なら寄付を求めることは適切である」「この団体なら安心して自分の財産を寄付したい」と強く思っていただくには、後述するロジックモデルの構築などさまざまな努力が必要になります。

近年ではこうした寄付の獲得に向けた取り組みを「ファンドレイジング」として体系化し、専門家（ファンドレイザー）を育成しようとする動きもあります。寄付収入を増やすには、創業者を含めたスタッフ全員がファンドレイジングに関する知識を持ち、地道な努力を重ねていく時間を捻出することが欠かせ

第2部　臨床心理学と心理職の未来

ません。

　このように「事業収入」「助成金・補助金」「寄付」それぞれにメリットとデメリットがあり、だからこそ、この3つからバランスよく収入を得ていくことが重要です。どれか一本に頼ってしまうと、「当座の経営は成り立っているんだけれど、今後の成長や展望が見えない」というような状況に追い込まれやすくなるかもしれません。

● 4. 強まる「インパクト志向」の流れ

　では、どうすれば融資・出資を受けたり、助成金や寄付の収入を増やせたりするのか。そこでポイントとなるのが、近年強まる「インパクト志向」への理解です。

　近年よく耳にする「インパクト」という言葉は、大きく分けて2つの意味で使われています。

　狭義の「インパクト」は、ある事業によって受益者等に起きた変化（アウトカム）のうち、本当にその事業によって起きたものを指します。例えば学習支援を利用した子どもたちの算数の点数が30点上がったとします。ただ子どもたちは学校や自宅などでも算数を学んでいるはずですので、30点すべてが学習支援による変化とは言い難いかもしれません。そこで、子どもに起きた変化（アウトカム）のうち、学習支援の貢献によるものを推定し、それをインパクトと呼ぶわけです。

　ただ最近では、インパクトという言葉はより広義に、事業や企業活動等により社会に起きた（良い）変化の総量として使われることが増えています（その場合は「社会的インパクト」と言ったりもします）。本章では断りのない限り、インパクトを広義の意味で使っています。

　いま世界的に、融資・出資・助成金などの「出し手側」（金融機関・投資家）はインパクト志向を強めています。つまり事業を実施する側（資金の受け手側）に、その事業でどんなインパクトが生み出せるのかを説得力を持って説明するよう求めることが増えているのです。

　これまで、融資・出資・助成金などの審査の際には、事業のキャッシュフローの予測や返済計画、さらには担保や連帯保証人の存在が重視されてきまし

176

こころを守る仕事をつくるために欠かせない「オカネ」の話

た。要は「お金を返せるのか？」ということです。もちろん、これらの要素は現在でも大事なのですが、最近は加えて、達成したいインパクトやその計測・管理（IMM）の計画がきちんと検討されているかを重視する資金提供者が増えています。そのツールとして注目を集めているのが、「ロジックモデル」です。

5. インパクト志向時代の資金調達の鍵「ロジックモデル」とは？

　ロジックモデルとは、公共事業やODAなどの事業評価を行う「プログラム評価」の枠組みの中で用いられるツールです。事業や組織が最終的に目指す変化・効果の実現に向けた道筋を体系的に図示したもので、事業の設計図に例えられます。

　実際に、私がREADYFORの事業企画責任者として、NPO法人みんなのコードと実施している休眠預金活用事業のロジックモデル（資金分配団体のもの・2024年2月版）を図6に示します。

　ロジックモデルは左から右（もしくは下から上）の矢印の流れで記されます。順番に①インプット（事業に必要な資金や人手）、そして②アクティビティ（インプットを利用して行う活動）、さらに③アウトプット（活動を通じて生まれる成果物）、④最後にアウトカム（成果物を通じて達成される変化）を記述していきます。（図6のロジックモデルではアウトプットまでを記載しています。）

　アウトカムに関しては、短期（事業終了時に起きる変化）・中期（終了後5年程度で起きる変化）・長期（終了より10年以上後の変化）という時期に分けて記載することもあります。

　ここで大事なのは、ロジックモデルを作るときは、読むときと逆、すなわち④アウトカム→③アウトプット→②アクティビティ→①インプットの順番で書いていくということです。アウトカムについて、長期・中期・短期に分ける場合は、長期アウトカムから書いていきます。

　私は長期アウトカムのことを、航海における「北極星」になぞらえて説明しています。航海において船乗りは、北極星そのものを目指しているわけではあ

177

図6 ロジックモデルの例

こころを守る仕事をつくるために欠かせない「オカネ」の話

りません。しかし港（目的地）の方向を示すものとして北極星を常に確認します。長期アウトカムも同様に、自分たちが事業を、どんな世界を目指して取り組んでいるかを常に確認することを目的に使われます。

　長期アウトカムが書けたら、中期アウトカムです。先ほどの航海の例えでいえば「灯台」のようなものと捉えてください。灯台も、目的地である港そのものではありません。しかし灯台は、北極星より具体的に港の場所を指し示してくれます。中期アウトカムも同じで、自分たちの団体が5年先くらいに実現したいことを書きます。

　短期アウトカムは、事業の目指す成果そのものです。航海の例えでいえば、たどり着くべき目標地点（港）です。事業が終了したときに、支援対象者がどのような状態になっていることを目指すのかを考えます。事業の評価に直結する目標ですので、できるだけ具体的に書くことが大事です。

　アウトカムには、それが達成できているかを評価する「指標」を設定します。良いアウトカムの指標として、5つの要素が挙げられます。図7にそれぞれの内容を示しているので、確認してみてください（この5要素は一般的には、英語の頭文字をとって「SMART」として知られているのですが、筆者は日本人でも覚えやすいよう、「めしできた」という語呂合わせでまとめました）。

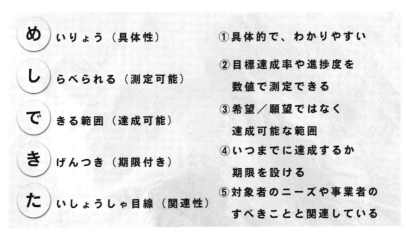

図7　良いアウトカムの指標となる5要素（筆者作成）

第2部　臨床心理学と心理職の未来

　短期アウトカムまで書けたら、それを実現するために必要なアウトプット（成果物）、アクティビティ（活動）を考えていき、それぞれを矢印で結んでいきます。

　例えば自団体で発達支援を行うスタッフに、児童の個別指導のテクニックを身に着けてもらい、より良い支援を行ってもらえるようにするのがアウトカムであれば、そのために、例えば「5回シリーズの研修を受講する」ということが考えられますね。このときに、研修が「アウトプット」にあたり、研修の際に行うカリキュラムを開発するために過去の文献を調査したり、打ち合わせを行ったりすることが「アクティビティ」、それに必要な人手や資金が「インプット」にあたります。このようにして、投入される資源（インプット）から実現する成果（アウトカム）までの流れを図にしたものがロジックモデルです。

　この項ではロジックモデルのあくまで概略を示しましたが、詳しい作り方などは参照文献に示す日本財団・JICA（国際協力機構）による資料などを参照してください。

● 6. なぜいま、ロジックモデルが重要なのか？

　作成の流れを読んで、「面倒だなあ」と思われた方も多いかもしれません。なぜいまロジックモデルが重要なのかを知るために、それが作られた経緯を紹介しておきます。

　ロジックモデルにつながる「プログラム評価」の枠組みの開発が始まったのは、1960年代のアメリカです。当時、公共事業などの成果（狭義のインパクト）をどのように評価するかが課題になっていました。

　例えば、自治体が公共事業で道を作った場合を考えてみましょう。道は、それ自体がお金を生み出すことはありません（有料道路の場合は除く）。しかし、その道を人や車が行き来することによって経済効果が生まれます。消防車や救急車が行き来しやすくなることによって住民の健康にも良い効果が生まれるかもしれません。こうした「効果（成果）」は単純に経済的な指標で測ることはできませんが、だとしても、投入したインプット（資金や人手や時間）に見合っているかを何らかの形で評価することが求められます。

180

こころを守る仕事をつくるために欠かせない「オカネ」の話

そこで、その事業によって生まれた成果（狭義のインパクト）を評価しよう！という研究が行われるようになったのです。

しかし研究が進むにつれ、さらなる課題が出てきました。1つの事業には、さまざまな立場の人が関わっています。公共工事を発注する自治体（資金提供者）の担当者。工事を行う事業者。できた道を使うドライバー。さらにはその地域に住む住民。それぞれの立場によって、道を作る「目的」「主要な用途」「利益」などは異なります。成果を測定しようとしても、人によって解釈が違い、議論がまとまらなくなってしまうようなことが頻発したのです。

そこで、事業を始める前に、以下の5つの評価を行い、関係者同士で合意しようということになりました。この枠組みを、「プログラム評価」（表5）と呼びます。

さて、ロジックモデルは、このプログラム評価を進めるための道具（ツール）として使われています。事業の目指すところやその手段を図にすることで、多様な関係者が事業の設計について理解し、合意できるように作られています。

いまインパクト志向、すなわちその事業の社会的な意義やその達成の道筋について資金提供者側の意識が高まっている中で、そもそも多様な関係者が事業の目的や達成の道筋を共有するために開発されたツールであるロジックモデル

表5　プログラム評価の5階層

① ニーズ評価	事業を行う必要性の評価
② セオリー評価	資金や人手を投入することで、目的が達成される道筋の評価
③ プロセス評価	事業開始時に想定した①②が適切かの評価
④ インパクト評価	事業を実施することにより生み出されたインパクトの評価
⑤ 効率性評価	生み出されたインパクトが、投入したインプットと比較して適切であるかの評価

第2部　臨床心理学と心理職の未来

への注目が、あらためて高まっているのです。

● 7. インパクト志向の中で発展する、新たなお金の流れ

　最後に、最近のインパクト志向の中で生まれてきている出資や助成金、寄付のお金の流れについて3つ、ご紹介します。新たなお金の流れを掴み、新しい「こころを守る仕事」の創出につなげていきましょう！

インパクト投資

　インパクト投資は、投資として一定の「投資収益」確保を図りつつ、「社会・環境的効果」の実現を企図する投資です。一定の「収益」を生み出すことを前提としつつ、個別の投資を通じて実現を図る具体的な社会・環境面での「効果」と、これを実現する戦略・因果関係等を特定する点で特徴があります（金融庁，2024）。ESG投資が、ネガティブスクリーニング（社会にとって悪いことをする企業への投資を避けようとすること）を重視するのに対し、インパクト投資はポジティブスクリーニング（社会にとって良いことをする企業に投資しようとすること）を重視します。

　近年、国内でもインパクト投資に対する大企業などの注目が高まっています。最新の調査では、国内におけるインパクト投資の残高は2023年には前年と比べおよそ倍増し、総額で11兆5414億円に上ると試算されています（GSG国内諮問委員会，2024）。

休眠預金活用事業

　休眠預金等活用事業は、銀行など金融機関で10年間以上資金の動きがない口座（休眠口座）の残高を、社会的な事業に活用する枠組みです。もともとイギリスで導入された制度をもとに、2018年に法律（休眠預金等活用法）がつくられ、2019年に運用が始まりました。2024年現在、年間およそ100億円の予算枠で助成事業が行われています。

　特徴として、事業全体を統括する指定活用団体（一般財団法人日本民間公益活動連携機構）ではなく、公募で選ばれる「資金分配団体」と呼ばれる中間的な法人が直接の助成事業を行っていることが挙げられます。資金分配団体には

こころを守る仕事をつくるために欠かせない「オカネ」の話

単に資金の助成を行うだけでなく、助成先の団体に対して基盤強化（ガバナンス・コンプライアンス体制の構築や経費精算体制の強化など）を目的とした非資金的支援（伴走支援）を行うことが義務付けられています。そのため助成を受ける団体（実行団体）として採択されると、資金面だけでなく経営や支援の質の評価などさまざまな助言やサポートが受けられるのが特徴です。

遺贈寄付

遺贈寄付は、財産を相続させる親族がいない人などが、社会事業を行う団体などに死後、その資産を寄付することを指します。国税庁によれば、遺贈寄付の件数は 2012 年度には 400 件未満だったところ、2021 年度には 973 件、金額にしておよそ 278 億円まで増えており（NHK, 2024）、今後も拡大が見込まれています。

遺贈寄付は、その人の生きた証として財産を団体などに遺すもので、強い信頼感と活動への共感が背景にあるケースが少なくありません。団体が活動の中でファンを増やし、個人寄付や継続寄付を通じて共感を高めていく中で、遺贈寄付の申し出が生まれることもあり、遺贈寄付の受け入れはファンドレイジング（寄付による資金調達）の中で最も難易度が高く、同時に意義も大きいものとされています。

さて、この章でここまで述べたことは、あくまで基礎情報にすぎません。例えば「寄付を集める」といっても、クラウドファンディング、継続寄付（マンスリーサポーター）、富裕層寄付、企業寄付、遺贈などさまざまな手段があります。事業の目的や団体の規模によって、どの手段をどのように使い分ければ成功確率が高まるか、などは実践しながら学んでいかざるを得ません。ここまでを読んで、「何だか難しそうだけれど、お金の流れって学ぶべきところが多く、しかも新たな動きも始まっているんだなあ」ということだけでも頭の片隅に留めていただければ幸いです。

183

第 2 部　臨床心理学と心理職の未来

参考文献

中小企業庁（2023）．経営者の個人保証を不要とする創業時の新しい保証制度（スタートアップ創出促進保証）を開始します。
https://www.chusho.meti.go.jp/kinyu/2023/230220startup.html

独立行政法人 国際協力機構 民間連携事業部（2023）．ロジックモデル作成マニュアル
https://www.jica.go.jp/Resource/priv_partner/announce/ku57pq00002avzzc-att/ve9qi8000000f7sz.pdf

GSG 国内諮問委員会（2024）．日本におけるインパクト投資の現状と課題——2023 年度調査—— https://impactinvestment.jp/resources/report/20240426.html

金融庁（2024）．インパクト投資（インパクトファイナンス）に関する基本的指針 https://www.fsa.go.jp/singi/impact/siryou/20240329/01.pdf

NHK（2024）．クローズアップ現代 取材ノート「遺贈寄付」必要な準備は？注意点は？専門家に聞きました https://www.nhk.or.jp/minplus/0121/topic064.html

日本財団（2019）．ロジックモデル作成ガイド https://www.nippon-foundation.or.jp/wp-content/uploads/2019/01/gra_pro_soc_gui_03.pdf

READYFOR（n.d.）．基金・助成プログラム 企画運営 https://fund.readyfor.jp/d_deposits

これからの公認心理師に求められる「課題発見力」と「課題解決力」

和光大学 現代人間学部 教授 ● 髙坂康雅

1. はじめに

　公認心理師について法的に規定した公認心理師法は、2015年9月に公布、2017年9月に施行されました。2018年9月には第1回公認心理師試験が実施されましたが、このときの受験者は、すでに心理援助職に就いている人（現任者）や、法施行前に取得した大学・大学院の単位の読み替えで受験資格を得た人でした。2018年度頃から各大学・大学院で公認心理師試験の受験資格のための科目が整備され、第5回試験から大学・大学院でこれらの科目を履修した大学院卒の人が受験するようになりました（現在では、試験は3月に行われていて、大学院を修了する前に受験をしています）。

　ここでは、公認心理師養成の現状、特に履修科目について紹介するとともに、私の実践をもとに、これからの公認心理師に求められる「課題発見力」と「課題解決力」について論じます。この2つの力は、これからの公認心理師に求められるだけではなく、公認心理師養成を行っている大学・大学院でもこれらを培うような教育が求められていると考えています。

2. 公認心理師養成の現状

　公認心理師試験の受験資格を得るためには、大学で法定25科目、大学院で法定10科目を履修し、卒業・修了しなければなりません[1]。2023年12月1日

1　大学院に進学せず、大学で法定25科目を履修し卒業したのち、プログラムを実施する指定施設にて実務経験を2〜3年積むことでも公認心理師試験受験資格を得ることができます。一般に、大学院に進学して受験資格を得るルートをAルート、指定施設で実務経験を積むルートをBルートと呼んでいます。しかし、指定施設には限りがあるため、多くの大学ではBルートは推奨しておらず、公認心理師を目指す大学生もAルート（大学院進学）を基本として考えられています。

第 2 部　臨床心理学と心理職の未来

時点で、法定 25 科目を履修できる大学は 224 校（厚生労働省，2023a）、法定 10 科目を履修できる大学院は 188 校（厚生労働省，2023b）となっています。これらの大学・大学院では、法律で定められた同一の科目名称を用いて、公認心理師に必要な知識や技能についての講義や演習、実習が行われています。大学・大学院で履修しなければならない法定科目は表 4 の通りです。

　大学では、25 科目が法定科目となっています。表 4 に列挙されている通り、

表 4　公認心理師試験受験資格に必要な大学と大学院の法定科目一覧（再掲）

大学における必要な科目	大学院における必要な科目
1. 公認心理師の職責	1. 保健医療分野に関する理論と支援の展開
2. 心理学概論	2. 福祉分野に関する理論と支援の展開
3. 臨床心理学概論	3. 教育分野に関する理論と支援の展開
4. 心理学研究法	4. 司法・犯罪分野に関する理論と支援の展開
5. 心理学統計法	5. 産業・労働分野に関する理論と支援の展開
6. 心理学実験	6. 心理的アセスメントに関する理論と実践
7. 知覚・認知心理学	7. 心理支援に関する理論と実践
8. 学習・言語心理学	8. 家族関係・集団・地域社会における心理支援に関する理論と実践
9. 感情・人格心理学	9. 心の健康教育に関する理論と実践
10. 神経・生理心理学	10. 心理実践実習（450 時間以上）
11. 社会・集団・家族心理学	
12. 発達心理学	
13. 障害者（児）心理学	
14. 心理的アセスメント	
15. 心理学的支援法	
16. 健康・医療心理学	
17. 福祉心理学	
18. 教育・学校心理学	
19. 司法・犯罪心理学	
20. 産業・組織心理学	
21. 人体の構造と機能及び疾病	
22. 精神疾患とその治療	
23. 関係行政論	
24. 心理演習	
25. 心理実習（80 時間以上）	

出典：厚生労働省（2017）より。

これからの公認心理師に求められる「課題発見力」と「課題解決力」

「知覚・認知心理学」や「発達心理学」など基礎的な心理学から、「健康・医療心理学」「福祉心理学」など公認心理師の主要5領域に関する心理学、「心理的アセスメント」「心理学的支援法」のような心理支援の場で求められるアセスメントや心理療法に関する科目もあります。統計や実験、研究法の科目、生理学・精神医学に関する科目、公認心理師の役割や責任について知識の修得を目指す「公認心理師の職責」という科目もあります。実践的には「心理演習」や「心理実習」が設定されています。法定科目は1科目2単位が想定されており、これだけで50単位が必要となります。しかし、実際には、「心理学統計法」を「心理学統計法A」「心理学統計法B」の2科目にして、両方を履修して法定科目「心理学統計法」を履修したとみなしたり、「心理実習」を通年4単位にしたりするなど、それぞれの大学で必要な措置が行われています。その結果、実際には法定25科目を履修するにあたり、60単位程度が必要となってくることがあります。これは、大学の卒業に必要な124単位の約半分に相当します。これに、初年次ゼミや専門ゼミ、外国語、卒業論文のような必修科目を加えると、80～90単位に達します。そうすると、法定科目と必修科目を除くと、あと30～40単位しか残らないことになります。そして、公認心理師を目指す多くの学生は、この30～40単位ですら、心理学やその近隣領域（教育学、社会学など）を履修して埋めていくことになるのです。

　大学院では、10科目が法定科目となっています。学部科目よりも実践的なものが多くなり、「心理実践実習」では450時間以上の実習が課せられているため、1年がかりで実習に取り組むことになります。一方、大学と異なり、大学院の法定科目については、2科目などに分けられることはなく、大学院の1科目で法定科目の1科目を満たす場合が多いようです（「心理実践実習」を除く）。大学院を修了するためには、30単位以上が必要となるため、法定10科目で20単位が満たされることになります。残りの10単位は修士論文や他の科目で埋めることになりますが、公認心理師の法定科目が履修できる大学院の多くは、心理学研究科や心理学専攻のような心理学をメインとしているところが多いため、法定科目以外の単位もほぼ心理学の科目なります。さらに、大学院生は450時間以上の実習、修士論文のための研究と修士論文の執筆、就職活動、国家試験（公認心理師試験）対策という4つのタスクを同時に（特に修士

第 2 部　臨床心理学と心理職の未来

2 年次に）行なわなければならないため、あまり多くの科目を履修しようとはせず（実際にそんな余裕もなく）、30 単位をギリギリ越える単位数で修了していくことが多いようです。

　このように公認心理師になるためには、大学で法定 25 科目、大学院で法定 10 科目を履修しなければなりません。それほど多いようにはみえないかもしれませんが、必修科目や実習、その他のタスクなどを含めると、大学でも大学院でも心理学以外のことを学び、見識を広げるような機会をもつことは難しい状況に置かれてしまうのです。結果として、現代の社会や地域に目を向け、そこに課題とニーズを見出し、新たな仕事をつくっていくことは難しくなります。そのため、実習を含めこれまでみてきた「つくられた仕事」の中から仕事を選び、そこに入っていく流れになっていくのです（後者が悪いわけではありませんが）。

3.　地域に目を向け、地域につくる支援の場

　私は、2013 年 4 月から和光大学内に適応支援室「いぐお〜る」（以下、「いぐお〜る」）という不登校支援の場（いわゆるフリースクール）を開設しています。これは、おそらく町田市で最初につくられたフリースクールではないかと思われます。「いぐお〜る」では、毎週月曜日と火曜日の 9 時 30 分から 15 時 30 分の 6 時間開室しています。大学生や大学院生がスタッフとなり、不登校・不登校傾向の子ども（通室生）とおしゃべりをしたり、カードゲームをしたりして過ごしています。勉強をする時間やイベント・行事なく、学校復帰も目指していません。モットーは「何も強制しない」、ルールは「人と物に危害を加える行為以外は自由にしてよい」というシンプルなものです。通室生はこのような自由で守られた環境の中で、スタッフとの交流を通して、人とのつながり・コミュニケーションを学び、また大学に来て大学生と触れあうことで、将来を考え、少しずつ将来に向けて努力するようになることを期待しています。

　「いぐお〜る」のスタッフは公認心理師を目指す大学生・大学院生であり、「いぐお〜る」は彼らの実習の場にもなっています。そのため学生スタッフは通室生と一緒に遊んだり、おしゃべりをしたりするだけでなく、行動観察など

を通してアセスメントを行い、通室生が将来社会に出たときに、「もう少しできるようになっていればよいこと」を伸ばし、「できれば減らしておいた方がよいこと」を減らすように、支援的な関わりをしています。そのために、スタッフには①安定化機能：通室生が安心して、楽しく過ごせるようにするために関わる、②モデル機能：1人の人間として、また通室生の近い将来のモデル（手本）として振る舞う、③社会化機能：通室生との関わり・コミュニケーションを通して、通室生がコミュニケーションを学び、今後社会において適応していくための姿勢・態度などを伝えていく、という3つの機能を果たすことが求められています。それらは少しずつですが、着実に成果となっていると感じています（詳しくは拙著（髙坂，2016）を参照してください）。そのおかげで、毎年度定員いっぱいまで通室生が利用しており、ときには数カ月待っていただくこともある状態となっています。

　私がなぜ「いぐお～る」を開室し、現在まで継続しているのでしょうか。理由はいくつも挙げられますが、ここでは「地域の課題」や「不登校支援の課題」に基づいて説明します。和光大学がある町田市は、2000年以降も人口が増加している市で、2022年時点で人口は約43万人となっています。日本全体で生じている高齢化は町田市でも生じていて、2000年以降、老齢人口（65歳以上の人口）は増加傾向にあります。一方、年少人口（14歳未満の人口）は全国的な少子化の中、2000年代ではそれほど減っておらず、明らかな減少傾向がみられるようになったのは、ここ数年の話です。このような状況の中、「子どもの数が減っているのに、不登校の人数は増えている」という全国的にもみられている現象は、町田市でもみられています。不登校の子どもが増えているのであれば、不登校の子が通えるような学校以外の場が必要なのですが、先にも書いたように、私が「いぐお～る」を開設する2013年4月までは町田市にフリースクールは（おそらく）なく、町田市の不登校の子どもたちの一部は、横浜市や川崎市、立川市などにあるフリースクールに通っていました。しかし、フリースクールを利用する場合には、多くの場合、会費や利用料が必要で、文部科学省（2015）の調査では、1カ月の平均利用料（授業料）は約3万3千円となっています。これに加え、地域にフリースクールがないことで交通費や保護者の送り迎えなどが必要となり、子どもが不登校になることによって

第 2 部　臨床心理学と心理職の未来

生じる保護者・家庭の金銭的・時間的・精神的な負担は膨大なものになります。しかも、フリースクールは誰でも開設できるため、スタッフの質（専門性）も人数もバラバラです。中には、たいした専門性もないまま、1 人のスタッフが多数の子どもを受け入れているようなところもあります。それでも、不登校の子どもや保護者が選べるほどたくさんのフリースクールはなく、その限られたフリースクールを比較できるほどの情報もありません。そのため、活動内容やスタッフの質、設備などを考える余地もなく、ずっと家にいる子どもに外に出てもらいたい一心で、保護者は子どもをフリースクールに通わせる状況が生じています（そして、ときには、子どもにとって不適切な対応がとられ、子どもの精神状態が悪化することもあります）。

　不登校の子どもが利用できる公的なサービスとして、教育支援センター（教育センター／適応指導教室：以下、教育支援センター）があります。以前は、不登校の子どもたちの登校復帰を目的としていましたが、近年では不登校の子どもたちの居場所の提供や学習支援、子どもや保護者の相談などを主に行っています。教育委員会が設置している機関であるため、利用料等は無料であり、教育支援センターに来ることで、学校では指導要録上の出席扱いにもなります。スタッフも教員や心理職、学生スタッフなど、ある程度の専門性を有しており、利用できるのであれば、フリースクールよりもメリットを感じられることもあるかもしれません。しかし、教育支援センターの利用は多くはありません。文部科学省（2024）の調査では、不登校児童生徒（小・中学生）のうち、教育支援センターで相談・指導等を受けたものは 8.8%、教育委員会所管の機関（教育支援センター除く）で相談・指導等を受けたものは 7.4% で（重複しているケースもあると考えられます）、不登校児童生徒の 8 〜 9 人に 1 人程度しか利用していないことが示されています（さらに継続的に利用できている児童生徒数はさらに少ないと考えられます）。町田市でも状況は同じで、2022 年度の町田市の不登校児童数は 382 名、不登校生徒数は 713 名でしたが、教育支援センターは 169 名（15.4%）しか利用していません（町田市教育委員会，2023）。さらに文部科学省（2024）では、学校内でも学校外でも相談・指導等を受けていない不登校児童生徒は 38.8% となっており、教育支援センターだけなく、養護教諭やスクールカウンセラーのような学校内の資源も、フリース

190

クールや病院などの学校外の資源も、一部の不登校児童生徒やその保護者には届いていない、利用されていないという現状があるのです。町田市に限らないことですが、不登校児童生徒やその保護者の多様なニーズに応えるためにも、公的・民間にかかわらず支援の選択肢を増やすことが急務となっています。

　また、アクセスの問題も重要です。町田市は、カタカナの「ト」を斜めにしたような形をしています。町田市の中心部（JR横浜線や小田急線の町田駅など）は「ト」の2つの線がくっついているところにありますが、教育支援センターはこの中心部からバスで15分ほどかかる位置にあり、あまりアクセスがよくありません。一方、和光大学がある鶴川地域は、「ト」の2画目（右側の点）の端にあります。もし鶴川地域の不登校の子どもが教育支援センターに行くとすると、自宅から小田急線の鶴川駅まで向かい、鶴川駅から2駅先の町田駅に行き、さらにバスに乗らなければなりません。学校に行っていない子どもがこれだけの交通手段と時間を使ってまで、教育支援センターに行くことは想像できません。保護者が送るにしても、教育支援センターまでは鶴川地域からは30分から1時間かかり、保護者の負担も軽くはありません。このような地理的な問題を考えても、教育支援センターは、少なくとも鶴川地域の不登校の子どもたちの受け皿になることは困難な状況にあるのです。

　このように、町田市の教育支援センターには、不登校の子どもやその保護者のニーズに合っていない（可能性がある）、アクセスが良くないなどの課題があります。そもそも教育支援センターの存在を知らないという保護者もいて、情報発信にも課題があるかもしれません。またフリースクールに通うにも、町田市内にないため、遠方まで行かなければならず、利用料などのお金がかかります。不登校の子どもが通えそうなフリースクールは限られており、子どもや保護者が選ぶことができず、良いのか悪いのかわからないまま、見つけたフリースクールに通わざるを得ないという状況もあります。これが当時の（その多くが現在も残る）町田市の（あるいは全国的な）不登校支援の課題でした。

　私が開設した適応支援室「いぐお～る」は、和光大学にあるため、鶴川地域の子どもが教育センターに行くよりは通いやすくなりました（和光大学も決してアクセスがよいとはいえませんが）。大学内に開設したことにより、家賃や光熱費がかかりません。学生スタッフが実習として行っているため、人件費も

かかりません。活動のために必要な費用は、大学の予算から支出することができます。そのため、通室生やその保護者から利用料などを徴収する必要がなく、無料で通ってもらうことができています。学生がスタッフを行っているため、あくまで「不登校支援の素人」による対応ではありますが、公認心理師を志望しており実習として関わっているため意欲が強く、心理学や心理支援について学んでいる学生です。また私や専門スタッフ（和光大学心理実習センター職員）が学生を指導しながら行っているため、一定程度の質は保たれています。このように「いぐお〜る」は当時そして現在の町田市の不登校支援の課題の多くを解決することができ、不登校の子どもやその保護者の選択肢の1つになることができていると考えられます。そして、これが「いぐお〜る」が常に定員いっぱいになっており、10数年間続けることができている要因であると考えているのです。

　なお、私は3カ月に一度、町田市不登校の親の会「いぐぷらす」も開催しています。これは、「いぐお〜る」の通室生の親から、不登校の子どもをもつ親同士がおしゃべりしたり、情報共有をしたりする場が欲しいという要望があり、始めたものです。この「いぐぷらす」も当時、親の会がそれほどなかったこと（いくつかはあったが、私でさえインターネットなどでなかなか見つけられませんでした）、学校や教育支援センターなどが不登校支援に関する情報を提供してくれなかったことなどが課題として存在していたことが、開催のきっかけとなっています（現在は教育支援センターも保護者の集いを行っています）。

　また、2016年頃から町田市内にも「いぐお〜る」以外のフリースクールが開設され始め、通信制高校が中等部として開設しているものも含めると10件近く開設されています。そうなると、どこが自分の子どもにあっているのか、それぞれ何が違うのかと比較検討したくなりますが、比較できるほど情報が多くなく、フリースクール同士の横のつながりも乏しい状況でした。そのような課題に対して、2023年に有志で「まちだ多様な学び場居場所ネットワーク」を立ち上げ、2024年3月には町田市および近隣のフリースクール、親の会、居場所（プレーパーク、フリースペース）などをまとめた「まちだ多様な学び居場所MAP」を作成し、無料で配布しています。

これからの公認心理師に求められる「課題発見力」と「課題解決力」

このように私の行っている不登校支援は、地域の不登校支援の課題に応える形で、少しずつ拡大していったと考えています。

4. これからの公認心理師に求められる「課題発見力」と「課題解決力」

公認心理師の職能団体（公認心理師の会、日本公認心理師協会）や各種学会が心理職に対して行うセミナーや研修会には、「心理検査の取り方・解釈の仕方」「○○療法の実践」「スクールカウンセラーの働き方」のような、実に「心理職っぽい」ものが多いです。もちろんそれ自体が悪いわけではなく、これらは必要な知識・スキルですから、そのようなセミナーや研修会に参加し、これらを学ぶこと自体は必要なことであると思います。しかし、それはすでにつくられている医療や福祉、教育の枠組みの中で求められる知識・スキルであり、どこか「一対一の対面での相談室場面・カウンセリング場面」を前提としているものが多いように感じられます。これは言い換えれば、要支援者（クライエント）の方から相談に来ることが想定されているともいえるのです。しかし、これから公認心理師になって心理職に就こうとする人が、このような従来型の考え方で、これまで通りの知識や技術を習得するだけでよいのでしょうか。これまで日本の心理臨床の中心となってきた臨床心理士は、2024 年 4 月 1 日時点で 41883 名となっています（日本臨床心理士資格認定協会，2024）。対して、公認心理師として登録されている人は、2024 年 6 月末日時点で 73438 名です（公認心理師試験研修センター，2024）。当然、公認心理師と臨床心理士を両方取得している者もいるでしょうが、この人数差からみて、公認心理師だけを有して、心理職に就く者も多くいると考えられます。しかし、「公認心理師」資格ができたからといって、心理職の職域が拡大したわけではありません。そのため、これまでの枠組みの中で仕事を得ようとするのであれば、若い心理師は限られているパイを自分よりも知識や経験がある心理職から奪い取らなければならない状況にあるのです。

一方、本書には、多様な実践例が紹介されています。そして、その多くは「一対一の対面での相談室場面」を想定していません。「一対一の対面での相談室場面」を超えて、現在の地域や社会の課題に向き合い、何が求められている

193

第 2 部　臨床心理学と心理職の未来

のか、何が不足しているのかを把握し、その課題に対応するためにつくられてきた仕事です。いわば、自ら新たなパイをつくったのです。そして、このような仕事（新たなパイ）をつくっていくためには、地域や社会における課題を敏感に感じ取る「課題発見力」と、発見した課題に対して解決策を考え、実際に行動に移す「課題解決力」が求められているのです（図8）。

本書のタイトルは『こころを守る仕事をつくる』です。「仕事」は「仕える事柄」と書きます。仕事を考えるうえでは、「これは誰に仕える（役立つ）ことなのか」を考える、つまりニーズを見つける必要があります。今、目の前で困っている要支援者に役立つ仕事もあるでしょう。それはそれで重要であり、そのような要支援者に対しては、すでに医療や福祉などさまざまな分野において制度設計され、支援が行われています。一方、困っていることに周囲が気づけていない、ときには本人でさえ気づけていない潜在的な要支援者がいます。現在の制度設計では支援が不足していたり、支援からこぼれ落ちてしまったりする要支援者もいます。アクセスしてくれれば十分に支援できるにもかかわらず、身体的・心理的な理由でアクセスしない／できない要支援者もいます。こ

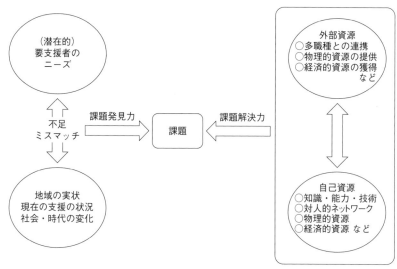

図8　これからの心理職に求められる課題発見力と課題解決力

のような（潜在的な）要支援者の存在を想像し、要支援者のニーズを明らかに
していかなければなりません。それとともに、地域や社会では何が足りてい
て、何が足りていないのかを考えることも必要です。この要支援者のニーズと
現在の支援の不足やミスマッチを見出すことが課題発見であり、それができる
能力が「課題発見力」であるといえるのです。

　課題を見出しても、それを解決できなければ意味がありません。そのような
ニーズに対する現状の不足やミスマッチに対して、自分には何ができるのか、
自分にはその課題を解決するだけの知識や能力、技術、対人的ネットワーク、
物理的資源（フリースクールであればフリースクールを開設するための場所を
確保できるか）、経済的資源などの自己資源があるのかを検討しなければなり
ません。知識や技術がなければ要支援者の不利益になり、物理的資源や経済的
資源がなければ、継続して行うことは難しくなります。自己資源が不足してい
るのであれば、外的な資源を利用できるかを検討することも必要です。自分の
知識や能力を補ってくれる他の専門職の協力を得られるか、場所や資金を提供
してくれるスポンサーを見つけられるか、補助金や助成金、クラウドファン
ディングなどで資金を集めることはできるかなど、自己資源の不足を補う方法
をどれだけ見つけられるかも重要な力といえるでしょう。このように自己資源
を把握し、不足している資源を補い、要支援者のニーズに応える支援を始めて
いく。これが「課題解決力」です。この「課題発見力」と「課題解決力」を有
することで、「こころを守る仕事」づくりが始まると考えています。

　冒頭に、大学・大学院での公認心理師の法定科目について説明しました。法
定科目が充実すればするほど、公認心理師を目指す学生・大学院生は、社会や
経済、歴史、そして今まさに地域で生じている問題や見逃されている人たちに
ついて知る機会が失われていきます。資金を集め、組織を運営・経営していく
ための知識や方法は、まったくといってよいほど学ぶことはありません。しか
し、これからの社会に求められているのは、自ら課題を発見し、解決するため
に、今はない／十分ではない分野に踏み出す心理職だと思います。だからこ
そ、公認心理師を目指す大学生・大学院生には、授業や実習、ボランティア、
ニュースなどを通して課題発見力と課題解決力を身につける必要があると考え
ています。また、公認心理師養成では、単なる理論や従来の心理支援の枠組み

第 2 部　臨床心理学と心理職の未来

の中の支援についてのみ教授するのではなく、地域を見て、社会を見て、時代を見て課題を発見する力と、自分を見て、周囲を見て、世界を見て、その課題の解決に取り組む力を培う教育が求められるといえるのです。

引用文献

公認心理師試験研修センター（2024）．公認心理師の都道府県別登録者数
　　https://www.jccpp.or.jp/download/pdf/number_of_registered.pdf
髙坂 康雅（編）（2016）．思春期における不登校支援の理論と実践——適応支援室「いぐお～る」の挑戦——　ナカニシヤ出版
厚生労働省（2017）．公認心理師カリキュラム等検討会　報告書（概要）　https://www.mhlw.go.jp/file/05-Shingikai-12201000-Shakaiengokyokushougaihokenfukushibu-Kikakuka/0000167171.pdf
厚生労働省（2023a）．公認心理師となるために必要な科目を開講する大学
　　https://www.mhlw.go.jp/content/12200000/001158480.pdf
厚生労働省（2023b）．公認心理師となるために必要な科目を開講する大学院
　　https://www.mhlw.go.jp/content/12200000/001158481.pdf
町田市教育委員会（2023）．学びの多様化プロジェクト 2024-2028
　　https://machida.schoolweb.ne.jp/1350006/download/document/317293
文部科学省（2015）．小・中学校に通っていない義務教育段階の子供が通う民間の団体・施設に関する調査
　　https://www.mext.go.jp/a_menu/shotou/tyousa/__icsFiles/afieldfile/2015/08/05/1360614_02.pdf
文部科学省（2024）．令和 5 年度児童生徒の問題行動・不登校等生徒指導上の諸課題に関する調査結果 https://www.mext.go.jp/content/20241031-mxt_jidou02-100002753_1_2.pdf
日本臨床心理士資格認定協会（2024）．臨床心理士とは http://fjcbcp.or.jp/rinshou/about-2/

あとがき

和光大学 現代人間学部 教授 ● 末木新

四十にして惑わず。

15歳で学問の道を志したといってもいいところではあったのですが、今の自分が「不惑」の境地に立つことができているかと問われれば、それははなはだ疑問です。しかし、幸いにして40歳まで何とか学者として生き残ることができ、多少は物事の分別がついてきた部分もあります。こうなると少しは欲も出てきて、こう思わなくもありません。

学問の発展に貢献したい。自分を育ててくれた臨床心理学という学問に恩返しをしたい。

私の力ではなく多くの著者の先生方の力のおかげで、自分が「不惑」のときにはこういう仕事をしたのだと、後年胸を張っていえる1冊ができたと思います。もしこの本に別のタイトルをつけることが許されるのであれば、こういうタイトルにしたいという思いもあります。

『講座　臨床心理学7 ──臨床心理学の社会的発展──』

少し昔話をしようと思います。私は、中学・高校の頃には（自殺で死ぬことと）心のケアに興味を持ち、大学では臨床心理学を学びたいと考えていました。高校生の頃には、一応はフロイトもユングも河合隼雄も読んでいました（どの程度理解できていたかは定かではありませんが）。当時（2000年頃）の私の限られた知識では、臨床心理学の本場は（河合隼雄 ≒）京都大学でした。どうせなら京大に行って学びたいという願いを密かに持っていましたが、残念

なことに現役のときに京大は不合格となってしまいました（単に受験勉強のための努力不足なのですが）。浪人をしてしまい、これ以上家計に迷惑をかけるのもいかがなものかと考えた結果、一浪の末に仕方なく自宅から通えて心理学も学べる学費の安い国立大（＝東大）に進学しました（などと書くと、「オイオイ」と突っ込まれそうな気はしますが……）。

　大学に入学をしたのはいいものの、私自身は憧れの京大ロスから（？）、勉強へのモチベーションは高まらず、駒場のキャンパスには最低限しか通っていませんでした。東大では進学振り分けというシステムがあり、2年から3年への進学の際には所定の単位を満たす必要があったのですが、進学のために必要な単位数の最低ラインから2単位しか余裕がなかったように記憶しています。ダメ学生です。

　そんな私を救って／変えてくれたのが、駒場の図書館で出会った『講座 臨床心理学』のシリーズでした。私は出版されたばかりのこれらの本を貪るように読みました。もちろん、内容はよく理解できませんでした。ろくな知識もない大学1・2年生が読むには『講座 臨床心理学』の各論は難しすぎました（本郷で受けていた丹野義彦先生の授業も難しかったと記憶しています……）。しかし、臨床心理学という学問を変えようとする編著者の情熱だけは、一介の大学生にも感じることができました。そして、浅はかにも「自分が失った『京大』を超えることができるビジョンが目の前にあるのではないか？[1]」と思ってしまった、というわけです。

　『講座 臨床心理学』の編者である下山晴彦の一連の仕事の日本の臨床心理学史上の意義の詳細については本書でも対談をさせていただいた東畑さんの論文（東畑, 2022）を参照してください。ごく大雑把にいえば、それ以前の力動的な心理臨床学によるプライベート・プラクティスを中心とした実践を、実証的な心理学を中心とした（英国を範とした）パブリック・サービス中心の活動につくり変えていくことが下山のビジョンであり、その本格的な第一歩が『講座 臨床心理学』シリーズの編纂だったと私は考えています。

　その後、私は下山先生の元で学ぶため、大学院に進学し、無事にその研究室

1　シリーズの編者である下山晴彦／丹野義彦はいずれも東大におり、授業を受けていました。

あとがき

に配属され、修士・博士課程の5年間を下山研究室で過ごしました。下山先生の仕事を間近で見ることができたことは私にとって非常に大きな財産となりましたが、不満もありました。それは、『講座 臨床心理学』で描かれている臨床心理学を師が実行に移しているように見えなかった点です。私は内心こう思っていました。

「パブリック・サービスとなる臨床心理学には研究による効果（や費用対効果）の研究が求められ、その中心は無作為化比較試験（RCT）になる」なんて書いていても、そんなこと今ここでできてないのでは……。パブリック・サービスをつくるっていうけど、そのためのロビイングみたいなことはやってないよね……。「科学者 - 実践家モデル」なんていってるけど、どこでそんなものができてるのよ？ 結局、研究（RCT）や技術開発を基礎として政治的な活動をして、新しいケアやセラピーのパブリックな枠組みをつくらないで、認知行動療法を英語圏から輸入して翻訳してるだけなんだったら、河合隼雄がユングを輸入して広めたのと、何が違うっていうのさ。これで本当に河合隼雄を越えられるのか……?[2]」 生意気なことを書き連ねて、師匠には大変申し訳ない思いでいっぱいです……。

下山研を出て独り立ちをして以降、私自身は、自殺対策のための新しいパブリック・サービスの立ち上げ、普及に関わり、（理想的な形ではないにせよ）効果研究をしました（末木，2019；Sueki et al., 2023）。資金調達や新しいパブリック・サービスへの信用の供与という意味で、私の学術的な活動は一定の意義を果たしたと思います（末木，2024a）。これらは要するに、『講座 臨床心理学』で描かれた臨床心理学の新しい形を、曲がりなりにも自分で実践してみたということです。

そして、この10年、自分なりに「科学者 - 実践家モデル」を追及してみた結果として、これは画餅であると考えるようになりました。なぜこの理念が画餅なのかという点については、以前書いた論考（末木，2024b）で説明をして

---

2 若気の至りとして、お許しください。当時、このような学派間の対立的風潮があったこと、その弊害については、山崎（2024）の第I部を参照してください。

いますのでここでは詳細は述べませんが、現実に実行不可能だからというごく単純な理由です。

　臨床心理学という学問の発展のためには、個人が「科学者 - 実践家」である必要はありません（というか、繰り返しますが、それは実現不可能です）。我々は変わりゆく社会の変化を適切にとらえ、社会のニーズを把握し、発展する専門知やテクノロジーを適切に活用しながら、新しいサービスを社会に根付かせていく（≒ 心理学的なサービスの経済合理性を追求する）必要があります。ただし、これらの役割はただ1人の心理職が担うべきものではなく、（心理職だけではない）チームで協働して行えばいいことです。その様子は、本書の各論考の中に、とりわけ典型的には、熊・高岡・伊藤（次郎）論考の中に示されているものと思います。こうした臨床心理学の新しい形を私は、「科学者 - 臨床家 - 社会起業家の"分業"モデル」と呼びたいと思います[3]。

　上述のように、本書は、これまで私が感じてきた不満を解消するために編集したものです。『講座 臨床心理学』から20年が経ち、発刊当時にはモデルや理念でしかなかった、新しいパブリック・サービスが実際にさまざまな形でつくられ、今も模索され続けています。新しいパブリック・サービスの芽を大きくするための資金調達のあり方についても、新しいものが出てきています（詳細は、市川論考を参照）。心理学だけの問題ではありませんが、日本における研究体制はこの20年先細り続けてはいます。とはいえ、それでも心理職が主導する効果研究（伊藤（正哉）論考参照）やそれを基盤とした社会的なPR活動も、少しずつ出てきています。ロビイングや政治的な働きかけの芽も、少しずつ見られるようになってきています。

　社会は変化し、それに合わせて臨床心理学のあり方も変化していきます（もちろん、同時に本質的に変わらない部分「も」あります）。今後も、新しい学問のあり方は追及され続け、古い考え方は更新され続けていくはずです。本書がそのようなサイクルの一助になることを編者は信じています。願わくば、本

3　本書にも執筆いただいた Takaoka（2022）は、ほぼ同様の協働のあり方を、「持続可能なサービスチームとしての研究開発モデル」"Sustainable service team as a research and development（SSTRD）model" と名付けています。

あとがき

書が『講座 臨床心理学』を（建設的に）批判したのと同様に、次世代において本書が批判されることを願っています。

　最後に、本学の公認心理師養成システムをつくってくれた（心を守る仕事をつくるための前提をつくってくれている）「大黒柱」である共同編集者の髙坂康雅先生、ご多忙の中執筆をいただきました著者の先生方、（他社でありながら）臨床心理学の未来を思い企画の萌芽の相談にも乗ってくださった金剛出版の藤井裕二さん、私の思い付きのつぶやきに目をとめ、企画の発端となる声掛けをしてくださり、滞りなく企画を進めてくださった金子書房の小泉瑠璃さん、岸航平さんに感謝を申し上げます。

末木 新

引用文献

東畑 開人（2022）．反臨床心理学はどこへ消えた？——社会論的転回序説2—— 心の治療を再考する　臨床心理学, 増刊第 14 号, 9-32.

末木 新（2019）．自殺対策の新しい形——インターネット、ゲートキーパー、自殺予防への態度—— ナカニシヤ出版

Sueki, H., Takahashi, A., & Ito, J. (2023). Changes in suicide ideation among users of online gatekeeping using search-based advertising. *Archives of Suicide Research, 27*(4), 1339-1350. https://doi.org/10.1080/13811118.2022.2131491

末木 新（2024a）．心理職の価値を高めるために、我々が政治的にやるべきこと——研究およびパブリック・アフェアーズの観点から—— こころの科学増刊, 78-85.

末木 新（2024b）．臨床知の創出・伝達・社会実装の未来——「ふつうの相談」と科学を接続する—— 臨床心理学, 増刊 16 号, 194-202.

Takaoka, K. (2022). AI implementation science for social issues: pitfalls and tips. *Journal of Epidemiology, 32*(4), 155-162

山崎 孝明（2024）．当事者と専門家——心理臨床学を更新する—— 金剛出版

執筆者一覧（所属は初版刊行時）

末木 新（すえき・はじめ）＝編著
所属：和光大学現代人間学部
　　　厚生労働大臣指定（調査研究等）法人・一般社団法人いのち支える自殺
　　　対策推進センター調査研究推進部
専門：臨床心理学、自殺学。

髙坂 康雅（こうさか・やすまさ）＝編著
所属：和光大学現代人間学部心理教育学科
専門：青年心理学を専門とし、アイデンティティや恋愛関係について研究する
　　　傍ら、大学内に適応支援室「いぐお～る」を開設し、公認心理師として
　　　不登校の子どもやその親の心理的支援を行っている。

熊 仁美（くま・ひとみ）
所属：特定非営利活動法人 ADDS
専門：発達心理学と応用行動分析学に基づき、発達障害のある子どもの早期発
　　　達支援プログラムやペアレントトレーニングの研究開発および実践、エ
　　　ビデンスに基づく発達支援の全国規模の社会実装や啓発活動などに取り
　　　組む。

髙岡 昂太（たかおか・こうた）
所属：株式会社 AiCAN
専門：臨床心理士、公認心理師、司法面接士、教育学博士。児童虐待や DV な
　　　どのトラウマ対応を専門とし、AI や ICT を用いたテクノロジーの実装
　　　科学（Implementation Science）に関わる。

伊藤 次郎（いとう・じろう）
所属：特定非営利活動法人 OVA
専門：精神保健福祉士。自殺対策の領域でデジタルアウトリーチ・インター

ネット相談の実践と研究を行う。

鰐渕 遊太 （わにぶち・ゆうた）

所属：特定非営利活動法人アソビノマド 代表理事

専門："子どもを変える"アプローチではなく、子どもを取り巻く「社会」や「文化」を見直す活動を展開。#不登校 #2E #HSC #発達障害 #教育心理学 #教育相談

田中 紀子 （たなか・のりこ）

所属：公益社団法人 ギャンブル依存症問題を考える会

専門：ギャンブル依存症支援。

松本 桂樹 （まつもと・けいき）

所属：株式会社ジャパン EAP システムズ

専門：EAP（従業員支援プログラム）、産業カウンセリング、マネジメント・コンサルテーション、キャリアカウンセリング。

西川 公平 （にしかわ・こうへい）

所属：CBT センター

一般社団法人 CBT 研究所

滋賀医科大学精神医学講座

専門：認知行動療法をクライアントに施術したり、セラピストに教えたりすること。

岩野 卓 （いわの・すぐる）

所属：認知行動コンサルティングオフィス 代表

福島県立医科大学医療人育成・支援センター博士研究員

専門：認知行動療法、健康心理学、産業・組織心理学、ポジティブ心理学。大分大学専任講師として 2023 年まで従事し、その後個人事業として企業や就労者のパフォーマンス向上と健康増進に取り組む。

浜内 彩乃（はまうち・あやの）

所属：大阪・京都こころの発達研究所 葉

専門：臨床心理学、精神保健。

東畑 開人（とうはた・かいと）

所属：白金高輪カウンセリングルーム 主宰

　　　慶應義塾大学大学院社会学研究科訪問教授

　　　立命館大学大学院人間科学研究科客員教授

専門：臨床心理学、精神分析、医療人類学。

伊藤 正哉（いとう・まさや）

所属：国立精神・神経医療研究センター 認知行動療法センター 研究開発部長

　　　筑波大学人間系教授（連携大学院）

　　　早稲田大学大学院人間科学研究科客員教授

専門：心理療法、認知行動療法、臨床試験、臨床心理学、感情、心的外傷後ストレス症、うつ病、不安症、遷延性悲嘆症、診断横断アプローチ、本来感。

市川 衛（いちかわ・まもる）

所属：READYFOR 株式会社

　　　広島大学医学部

専門：00年東京大学医学部卒業後、NHK 入局。医療・健康分野を中心に取材を行う。21年より READYFOR にて休眠預金活用事業を中心に社会事業の企画運営を担当。㈳インパクトスタートアップ協会事務局長。

こころを守る仕事をつくる
心理職の新たなキャリアと働き方の可能性

2025 年 4 月 30 日　初版第 1 刷発行　　　　　　　　　　［検印省略］

編著者	末　木　　　新	
	高　坂　康　雅	
発行者	金　子　紀　子	
発行所	_{株式会社}金　子　書　房	

〒 112-0012　東京都文京区大塚 3-3-7
TEL　03-3941-0111^(代)
FAX　03-3941-0163
振 替　00180-9-103376
URL https://www.kanekoshobo.co.jp

印刷 / 藤原印刷株式会社　製本 / 有限会社井上製本所

© Hajime Sueki, Yasumasa Kosaka, et al. 2025
ISBN 978-4-7608-2460-1 C3011　Printed in Japan